PRIMARIA - SEGUNDO CICLO

TICO-TIC
LECTURAS
3

Antonio Basanta
Luis Vázquez

Ilustraciones de cubierta e interiores de Francesc Rovira

Selección de textos: Charo Mascaraque

ANAYA

Edición: Isabel Morueco

Maquetación: Esperanza Hernández

Corrección: Isabel Gallego

Diseño de cubierta: Miguel Ángel Pacheco y Javier Serrano

Tratamiento infográfico de cubierta: Javier Cuéllar y Patricia Gómez

Fotografías: AgeFotostock, Archivo Anaya: (Cosano, P; Steel, M.), Asa-Minden Pictures.

Edición gráfica: Elena Achón

Bienvenidas y bienvenidos a **TICO-TIC.**

Si te gusta investigar, si crees que eres capaz de buscar y rebuscar en tus lecturas, tú puedes pertenecer a la **Pandilla de los buscadores.** Seguro que lo conseguirás.

Es fácil, pero tienes que demostrar tus capacidades de detective. Eso es lo que hacen los pertenecientes a la pandilla. Ahora, los vamos a conocer.

— Monti

Líder de la **Pandilla de los buscadores.** Busca sin tregua, sin parar, en los lugares más secretos y ocultos. Como buen saltamontes, saca sus antenas, abre sus ojos grandes, grandes, da inmensos saltos y... izas! Ya ha visto lo que buscaba. ¡Es genial!

— Hermi

Es muy amiga de MONTI. La apuntó a la pandilla, cuando comprobó lo bien que llegaba a cualquier parte. A la rama más alta, al pasadizo más escondido, al lugar más secreto... A veces la llaman HORMI, en vez de HERMI, por ser una hormiga. Pero a ella le gusta que la llamen HERMI, porque se llama Herminia.

— Mirlo

Él vuela sobre los bosques y jardines. Es amigo de los grandes árboles, donde construye sus nidos, y adora los frutales. Pero lo mejor es su canto. MIRLO canta como nadie. Y cuenta mucho. Cuenta cuando canta.

MIRLO es el cantante favorito de MONTI. Cuando lo ve con su gorra amarilla, dice:

—¡Ahí está MIRLO! ¡Escuchadlo y oiréis la mejor canción!

Es un magnífico buscador.

— Lula

¿Y qué decir de LULA? Si nos toca cruzar un río, si tenemos que averiguar qué pasa en aquella terraza tan alta, si queremos saber qué está tramando esa mosca cotilla que todo lo sabe, si necesitamos ver dónde se ha posado la mariposa... Ahí está LULA, la libélula de la pandilla. Una gran ayuda para MONTI. Una gran buscadora.

¿Qué sucederá? En la lectura lo encontrarás

—1 La zorra y la cigüeña

MONTI fue el que primero empezó a leer. Se encontró con una amiga voladora y pensó que esa lectura, *La zorra y la cigüeña*, le gustaría mucho. Las había visto en mil sitios.

Siempre allí arriba. Con esos nidos tan bien hechos.

—Pero... ¿Qué hace esa zorra allí, hablando con la cigüeña?

Qué cosa tan rara —pensó Monti—. A lo mejor es que son amigas. No sé, no sé. Esto me huele raro. Voy a ver qué pasa con la cigüeña y la zorra, que ya sabemos que las zorras son muy listas. A ver si le va a hacer algo...

—2 Con un cero

HERMI, como buena hormiga, estaba acostumbrada a hacer muchas cosas. Utilizaba sus patas, sus mandíbulas, su cuerpo, para realizar aquello que necesitaba. Era muy trabajadora. Nunca paraba.

Y eso le servía para convertirse en una fantástica buscadora.

Lo primero que leyó fue: *Con todo se puede hacer algo.*

¡Fantástico! —pensó—. Esta es mi lectura perfecta. Parece que la han escrito para mí. Voy a ver qué cosas se pueden hacer.

—3 Cuento del perro comprado

MIRLO siempre iba solo. Volando por los parques, los jardines, los árboles y por tantos sitios donde cantar y buscar. Y veía muchas cosas. En la esquina de aquella calle, vio a un perro. No tenía a nadie. Pasaba mucha gente y el perro seguía allí. A lo mejor es que quería estar sin nadie.

Pero MIRLO pensó que podía ser otra cosa. Leería el *Cuento del perro comprado*. ¿Se quedaría para siempre solo, como él en el parque? ¿Se iría con alguien?

—4 El grillito Cri-Cri-Cri

Si hay alguien que podía saber dónde vivía *El grillito Cri-Cri-Cri*, esa era LULA. Ella movía sus alas. Subía, bajaba, realizaba un vuelo rasante, iba por mil sitios. ¡Y qué raro era ver al grillito! ¿Dónde estaría?

Por las noches. Siempre lo oía: cri-cri-cri-cri-cri... Pero ¿dónde estaba? LULA no podía esconderse como el grillito. Sus alas no se lo permitían. Necesitaba el espacio, el aire, los lugares limpios para volar. A LULA se la oye y se la ve. ¿Dónde está el grillito, que todos lo oyen y nadie lo ve?

—5 El pequeño guardián nocturno y las flores

MONTI y HERMI leyeron juntos. Era la *Historia del pequeño guardián nocturno y las flores*. Los dos sabían bien lo que había que hacer por las noches. Cuidaban a sus amigas, las hormigas, y a los saltamontes.

Una noche, todo cambió para el pequeño guardián nocturno. Él vio las flores y sabía que algo necesitaban. ¿Qué sucedió en realidad? Llegó lo que él esperaba, pero en una tremenda cantidad. Corrió y corrió. ¿Tú crees que las salvó? ¿Y quién se enteró?

—6 Por qué los coyotes no tienen la piel azul

Cuando MIRLO fue a leer *Por qué los coyotes no tienen la piel azul*, se miró sus plumas. Eran negras. Solo su pico es naranja o amarillo anaranjado, según se mire. Bueno —pensó MIRLO— son mis plumas y no están nada mal. Me sirven muy bien para volar y buscar.

Pero parece que el coyote quería tener la piel azul. Dicen que se asesoró y buscó a quienes así la tenían. Muchas cosas habría que hacer para cambiar el color del barro, que tienen los coyotes, y transformarse en un coyote azul —pensó MIRLO—. En esta lectura sabrás lo que pasó.

La zorra y la cigüeña

Parece ser que, una vez, a una zorra muy bromista se le antojó divertirse a costa de una cigüeña haciéndole una jugarreta. Además de divertirse un rato, después lo podría contar tantas veces como quisiera, durante las larguísimas tardes de invierno.

Así pues, con esa idea en la cabeza, invitó a la cigüeña a comer y le sirvió un gran plato de sopa. Era una sopa riquísima, hecha con los mejores ingredientes, pero muy clara, y, por si fuera poco, la zorra se la sirvió en un plato llano, llanísimo. Lógicamente, la cigüeña, con el largo pico característico de su especie, apenas pudo atrapar dos o tres gotitas de sopa. En cambio, la zorra, que tenía una lengua ágil y rápida, dejó el plato limpio a lametazos en un pispás.

¡Menuda panzada de risa se dio la zorra al ver la reacción de la infeliz cigüeña! Porque, como es natural, la pobre se quedó con una cara triste y larga, y con más hambre que antes de empezar.

Tanto le dolió a la pobre cigüeña que la zorra le hubiese tomado las plumas[1] que prometió devolverle la jugada en cuanto pudiera.

Dos o tres semanas después, un día de sol abrasador y calor asfixiante, ya que estaban en pleno verano, la cigüeña invitó a la zorra a una limonada, dulce y fresquita, que había preparado personalmente con los mejores limones de su huerto.

La zorra, que tenía mucha sed, como cualquiera en verano, aceptó encantada la invitación. Sin embargo, la cigüeña sirvió el exquisito refresco en una

1 tomado las plumas: engañado.

botella de cristal de cuello largo y estrecho, y dijo a su invitada:

—¡Hala, amiga zorra, a disfrutar de esta fresca limonada! ¡Salud!

Tal como quería la cigüeña, en esta ocasión, ocurrió lo contrario, porque ella pudo meter con toda facilidad su largo y delgado pico por el cuello de la botella y beber hasta saciarse, mientras que la zorra, con su hábil y ligera lengua, no encontró la manera de probar ni una sola gota de la deliciosa bebida. Y lo que es peor, encima, le entró más sed todavía. Fue entonces cuando le vino a la cabeza un dicho muy famoso:

Donde las dan las toman.

(Adaptación de la fábula del mismo nombre).

Actividades

INVESTIGA LA LECTURA. DESCUBRE SUS SECRETOS

1 Ya sabemos que los zorros y las zorras son muy listos. ¿Qué jugarreta se le ocurrió a la zorra, para reírse un buen rato de la cigüeña?

a) La invitó a comer sopa. Pero en un plato ¡llanísimo!

b) La invitó a comer una carne muy gorda. Así, con el pico, no podría.

c) Pensó que podían hacer un concurso de chistes de animales. Seguro que ella ganaría a la cigüeña.

2 ¿Qué hizo entonces la cigüeña, por la jugarreta de la zorra?

a) Salió volando a una torre de cigüeñas. Allí, daban sopa con cuchara.

b) Pensó que le había tomado las plumas y ya le devolvería la jugada.

c) Pensó no hacer nada, porque sabía que la zorra era más lista que ella.

3 ¿Consiguió la cigüeña devolverle la jugarreta a la zorra?

a) No lo consiguió, porque no sabía qué jugarreta hacer.

b) Sí, lo consiguió, porque pudo beberse la sopa.

c) Sí, porque ahora la zorra tenía que beber la limonada en una botella larga y estrecha. La cigüeña podía, por su pico, pero la zorra no.

DONDE LAS DAN LAS TOMAN

4 Seguro que alguna vez te han querido engañar con algo. Hacerte una jugarreta, como la zorra a la cigüeña. Y decimos: me han querido tomar el pelo. La cigüeña, como no tiene pelo, sino plumas, dice que la zorra le quiso tomar las plumas. ¿Cuándo te han querido tomar el pelo con algo? ¿Recuerdas cómo fue? ¿Qué querían hacer para engañarte? Si es algo divertido, cuéntalo y pasaréis un buen rato.

TIENES UN CORREO

5 El texto que has leído de *La zorra y la cigüeña* se llama **fábula.** En una fábula, como ahora ya sabes, los animales hablan, igual que si fueran personas. Y también las cosas pueden hablar: un lápiz, una cortina, un florero o lo que quieras imaginar. Al final, una fábula termina en una moraleja. Es la enseñanza que nos da la fábula. En la de la zorra y la cigüeña, la moraleja es que si engañas a alguien, tú puedes ser también engañado o engañada. Te pueden tomar el pelo.

▶▶Busca, busca y encontrarás. Con este mensaje, lo lograrás.

2

POESÍA

Con un cero

Con todo se puede hacer algo.
Hasta con un cero
—que parece que no vale nada—:
se puede hacer la Tierra,

una rueda,
una manzana,

una luna,
una sandía,
una avellana.

Con dos ceros
se pueden hacer unas gafas.

Con tres ceros,
se puede escribir:
Yo os quiero.

Gloria Fuertes, *El libro loco de todo un poco.* Ed. Escuela Española.

Actividades

INVESTIGA LA LECTURA. DESCUBRE SUS SECRETOS

1 Gloria Fuertes, que fue la autora de esta poesía, nos dice una cosa fantástica, que nos anima y que nos ayuda a pensar. ¿Cuál es?

a) Que todo lo que hay en la Tierra hasta el mar, son ceros.

b) Que tener un cero es tener la mejor nota.

c) Que con todo se puede hacer algo. Hasta con un cero.

2 ¿En qué se parecen la Tierra, la Luna, una avellana y unas gafas?

a) En que la Tierra es una avellana y las gafas están en la Luna.

b) En que todas son redondas, como un cero.

c) En que para ver una avellana, hay que ponerse las gafas, Ana.

3 ¿Cuántas oes, que son igual que los ceros, hay en estas frases?

a) Mi tío es otorrinolaringólogo.

b) Yo os quiero.

c) Me gusta andar, me gusta jugar y me gusta bailar y cantar.

REUTILIZA LO QUE VALGA. RECICLA

4 Es muy probable que, cuando has leído en la poesía de Gloria Fuertes "con todo se puede hacer algo", hayas pensado en cosas que se pueden volver a utilizar.

- ¿Qué sueles reciclar? En tu cuaderno o en el ordenador escribe y rellena estas dos columnas:

Yo reciclo	Lo echo en
(...)	(...)
(...)	(...)
(...)	(...)

TIENES UN CORREO

5 A la persona que pinta un cuadro, escribe un libro, esculpe una escultura, etc., la llamamos **autora** o **autor** de esa obra.

En este caso, la autora de la poesía que acabas de leer se llama Gloria Fuertes. Una gran persona y una gran poeta (ella quería llamarse así: poeta y no poetisa).

▶▶ Busca, busca y encontrarás. Con este mensaje, lo lograrás.

CUENTO

3

Cuento del perro comprado

Este era un perro fiel que no tenía dueño.

Pero como no tenía dueño, no podía ser fiel a nadie, así que decidió buscarse un amo al que servir y serle fiel. Eso era lo que más deseaba.

Se colocó el perro en una esquina muy transitada a ver si algún amo o ama se fijaba en él y aceptaba sus servicios y su fidelidad.

Pero la gente pasaba a su lado apresurada y preocupada y no se daba cuenta de su presencia. Y los pocos que lo hacían, le miraban con disgusto y exclamaban:

—¡Huy, un perro abandonado, sin dueño!

—¡Un perro de la calle, nunca lo adoptaría!

—¡Un perro sin familia conocida!

En vista del fracaso, el perro decidió seguir al transeúnte que le pareciera más adecuado para ser su dueño y continuar detrás de él hasta que aceptara su compañía.

El primero fue un hombre importante que, antes de entrar en un restaurante de lujo en el que no admitían perros, le dio una patada y le obligó a largarse.

El segundo era una viejecita amable, que llamó al servicio de recogida de perros abandonados del ayuntamiento para que se ocuparan del perro perdido. El perro huyó despavorido antes de que llegaran los guardias.

Y el tercero fue un chico que se agachó para acariciarlo y preguntarle si quería estar con él, si quería ser suyo; pero sus padres se enfadaron al darse cuenta de que se paraba en la calle para hablar con un perro y le obligaron a levantarse enseguida y a seguir a su lado haciéndole prometer que nunca más tocaría a un perro de la calle.

El perro suelto se quedó muy triste, porque aquel parecía un buen amo. Pero al poco rato del encuentro el chico volvió, esta vez solo, lo recogió en un gesto rápido y mientras lo llevaba corriendo a una tienda de animales de compañía, le explicó que obedeciera sin rechistar todo lo que le ordenara el dueño del negocio, que confiara en él, que se había escapado un momento de un restaurante cercano con la excusa de ir al servicio.

El dueño lo lavó y cepilló en un momento, lo arregló bien, le puso un collar de terciopelo en el cuello y lo colocó en el escaparate de la tienda, con una caseta al lado, rodeado de espigas verdes.

Al poco rato pasaron por delante de la tienda la familia antipática y el chico amable, y el muchacho hizo detener a sus padres ante el escaparate para admirar la belleza del perro expuesto. Dijo que que-

ría ese perro de regalo, que era lo que le apetecía más del mundo. Que así evitaría la tentación de llevarse a casa los perros de la calle. Los padres accedieron encantados, y así fue como el perro perdido halló un amo que merecía su fidelidad.

Los padres dijeron:

—Para conocer bien el precio de las cosas, lo mejor es comprarlas.

El chico le dijo al perro:

—La amistad es libre, no se compra ni tiene precio. La encuentras y la aceptas libremente.

Y el perro pensó:

—Este chico ha luchado por mí y yo lo acepto como amo y le seré fiel sin límite ninguno.

Actividades

INVESTIGA LA LECTURA. DESCUBRE SUS SECRETOS

1 Esta es la historia de un perro callejero que quería ser muy fiel. Muy fiel a alguien. Pero ¿por qué no podía ser fiel?

a) Porque los perros de la calle nunca pueden ser fieles a nadie.

b) Porque todo el mundo tenía ya perros fieles y no querían otro más.

c) Porque no tenía un dueño y por eso decidió buscarse un amo.

2 El perro se fue a la calle, a ver si alguien se fijaba en él, porque quería ser fiel. ¿A cuánta gente vio que lo mirara y se preocupara por él?

a) Vio a un chico que le encantó, porque lo acarició y quería estar con él.

b) Vio a una viejecita y le gustó mucho que llamara al ayuntamiento.

c) Vio a muchísimas personas y todas quisieron ayudarlo.

3 ¿Qué hizo el chico para poder quedarse con el perro?

a) Pagó mucho dinero del cumple, para poder comprar un perro.

b) Se le ocurrió una idea. Llevó al perro a una tienda, allí lo arreglaron y, cuando la familia lo vio en la tienda y no en la calle, se lo regalaron.

c) Dijo a la familia antipática que el perro podía valer mucho dinero.

UN JUEGO DE AMISTAD. ¡SUERTE A TODAS Y A TODOS!

4 Formáis cuatro equipos. En unos papeles, escribís cada una de estas palabras: *lealtad, cariño, confianza, honradez, compañerismo, paz, pulga, escorpión, víbora, ciempiés, mosquito, araña, maratón, braza, revés, regate, canasta, esprínter, dálmata, chihuahua, galgo, mastín, caniche, pekinés.*

Dobláis los papeles escritos y los metéis en una bolsa. Luego, sacáis dos papeles por equipo. Gana quien consiga una palabra que empiece por la letra hache. Luego, leed en voz alta las palabras que tengan relación con la amistad.

TIENES UN CORREO

5 El texto que has leído de Emili Teixidor es un **cuento.** Una narración breve en la que suele haber situaciones y personajes reales o fantásticos, imaginados por el autor o la autora.

▶▶ Busca, busca y encontrarás. Con este mensaje, lo lograrás.

El grillito Cri-Cri-Cri

Nunca supe dónde vive,
nunca en la casa lo vi,
pero todos escuchamos
al grillito Cri-Cri-Cri.

¿Vivirá en la chimenea?
¿Debajo de un baldosín?
¿Dónde canta cuando llueve
el grillito Cri-Cri-Cri?

¿Vive acaso en la azotea,
o en un tiesto en un balcón,
o en la rama de algún árbol
o metido en un cajón?

¿Dónde puede estar metido
que jamás lo pude ver?
Por más que seguí sus pasos
nunca supe dar con él.

Nunca supe dónde vive,
nunca en la casa lo vi,
pero todos escuchamos
al grillito Cri-Cri-Cri.

Popular.

Actividades

INVESTIGA LA LECTURA. DESCUBRE SUS SECRETOS

1 Alguien ha entrado en la casa, pero no se sabe dónde está. ¿Cómo saben, entonces, que está allí? ¿Será un fantasma invisible?

a) Puede ser porque de noche se le oye arrastrar las cadenas.

b) No, porque por la noche se le oye el zumbido y luego pica y te rascas.

c) No es un fantasma ni un mosquito, porque hace cri-cri-cri.

2 ¿Con cuál de los sentidos del cuerpo humano –vista, oído, gusto, olfato o tacto– descubrieron que era un grillo?

a) Con la vista, porque los grillos son como fluorescentes.

b) Con el tacto, porque son tan grandes que se tocan enseguida.

c) Con el oído. Oyeron su sonido cri-cri-cri.

3 Ya saben que es un grillo, porque lo oían. Pero ¿cómo es posible que nadie lo viera?

a) Porque los grillos son muy pequeños.

b) Porque los grillos estudian camuflaje, para que nadie los vea.

c) Porque tenían que ir al oculista, a graduarse la vista.

CON LOS CINCO SENTIDOS

4 Seguro que esa frase la has oído muchas veces. Hacer algo *con los cinco sentidos* significa hacerlo con mucha atención, con mucho cuidado, con seguridad, con tranquilidad, con protección… No tiene que ver con los sentidos del cuerpo humano, que ya conoces.

- Rellena, en tu cuaderno, las siguientes palabras:

gri__o (y/ll)	ba__ena (ll/y)	po__o (y/ll)
__ama (ll/y)	co__ote (y/ll)	a__uda (y/ll)

Hazlo con los cinco sentidos. Busca tu seguridad en el diccionario. Él te sacará de dudas.

TIENES UN CORREO

5 El texto que has leído, *El grillito Cri-Cri-Cri,* es un texto **popular.** Quiere decir que no sabemos el nombre de su autora o autor. Sin embargo, mucha gente lo sabe. Todo el pueblo lo conoce y, por eso, se llama popular. Seguro que conoces textos como *A mi burro le duele la cabeza, Tengo una vaca lechera, Al corro de la patata* y otros que son populares.

▸▸Busca, busca y encontrarás. Con este mensaje, lo lograrás.

5

CUENTO

El pequeño guardián nocturno y las flores

En cuanto asoma el pequeño guardián nocturno portando su farol, la gente sabe que debe ir a la cama. Cierta noche, sin embargo, la florista, en camisón, corrió otra vez hacia afuera.

—Va a llover —se dijo, y tomando de a una todas sus flores las colocó en sus macetas delante de la puerta.

Cada vez que en esa noche el pequeño guardián nocturno pasaba por la casa de la florista, deseaba que por fin lloviera. Pero no llovía. Entonces, el pequeño guardián nocturno se entristecía.

"Las flores se marchitarán", pensaba.

Y como no podía permitir esto, trajo agua de un lago vecino dentro de su gorro y empezó a regar

las flores. Una y otra vez tuvo que ir al lago el pequeño guardián. En una de esas, un pececito nadaba dentro del gorro.

—¡Oh! —dijo el pequeño guardián asustado—. Perdón.

Y devolvió el pez al agua del lago.

Cuando el pequeño guardián ya había ido setenta y tres veces a buscar agua con el gorro del uniforme, dio por terminado el riego. Contento, entrelazó sus brazos delante de la barriga. Pero, por desgracia, no le duró mucho su alegría, pues, de repente, empezó a llover. Al principio, apenas; luego, algo más fuerte y al final tan intensamente que el pequeño guardián tuvo miedo.

"Las flores se van a ahogar", pensaba.

—¡Basta! —le gritó a la lluvia, levantando sus puños.

Pero la lluvia se hacía la sorda.

Poco faltaba para que el pequeño guardián se pusiera a llorar. Como, de todos modos, para nada

le iba a servir, ¡no lo hizo! Marchó a su casa a buscar un paraguas.

—Yo las protejo —les dijo a las flores.

Desplegó el paraguas y lo sostuvo por encima de ellas. Hora tras hora estuvo el pequeño guardián parado así: una vez sobre la pierna izquierda, otra vez sobre la derecha. La lluvia le entraba por el cuello y le salía por los pantalones.

Cerca de la madrugada, dejó de llover finalmente. Fue entonces cuando el pequeño guardián pudo plegar su paraguas y, completamente empapado, se deslizó hacia su casa. Cuando se metió en la cama, se sentía feliz sin embargo.

—¡Miren aquí, lo lindas que están mis flores! —exclamaba la florista—. Las he puesto bajo la lluvia.

Pero de lo que realmente había sucedido durante esa noche, la gente jamás se llegó a enterar.

Gina Ruck-Pauquèt, *El pequeño guardián nocturno y las flores.* Ed. Latina.

Actividades

INVESTIGA LA LECTURA. DESCUBRE SUS SECRETOS

1 En aquel lugar, donde vivía el pequeño guardián nocturno, todos tenían una clave, para irse a la cama. ¿Cuál era?

a) Esperar a que Tom, el hombre grande, diera el primer bostezo.

b) Ver al pequeño guardián nocturno, llevando su farol.

c) Ver a la florista aparecer en camisón, con las flores en un jarrón.

2 El pequeño guardián estaba muy preocupado, porque, al principio de aquella noche, seguía sin llover. ¿Qué hizo entonces?

a) Se fue al lago que había cerca y, con su gorro, llevaba agua para regar las flores y que no se secaran.

b) Empezó a cantar de forma horrible y muy desafinada, a ver si llovía.

c) Pensó que lo sentía por las flores, pero él se iba a la cama y se acabó.

3 Al final, llovió y llovió. Tanto que el pequeño guardián se quedó empapado. Pero protegió las flores con un paraguas y, al final, estaba muy feliz. ¿Qué le dijo a la gente que había hecho?

a) Se lo dijo a todo el mundo, para que le dieran una medalla.

b) Solo pensó que hizo lo que tenía que hacer. La gente no se llegó a enterar.

c) Dijo que le tenían que pagar mucho dinero por salvar a las flores.

AMIGOS DE LA NOCHE

4 En la noche, mientras dormimos, hay mucha gente que nos ayuda, que trabaja para que todos vivamos mejor. Elige, entre estos trabajos, los que nos pueden ayudar por la noche. ¿Cuál te parece el más importante? Cuenta en qué consiste el trabajo que elijas y di en qué nos ayuda.

Panadera	Transportista	Dependiente	Médica
Actriz	Vigilante	Policía	Bombero

TIENES UN CORREO

5 Un **personaje** es cada uno de los seres que aparecen en una obra literaria. En este caso, son dos: el pequeño guardián nocturno y la florista.

▸▸ **Busca, busca y encontrarás. Con este mensaje, lo lograrás.**

LEYENDA

6

Por qué los coyotes no tienen la piel azul

Los coyotes se paseaban por la tierra mucho antes de que fueran creadas las demás criaturas. En una ocasión, un coyote vio dos patos azules que nadaban en una laguna. Cantaban una canción que no había oído antes en su vida.

—¿Qué estáis haciendo? —les preguntó.

—Estamos renovando nuestro plumaje. Así conservamos las plumas azules.

El coyote también quería tener una piel azul. Preguntó a los patos si la suya se volvería de ese color si hacía lo mismo que ellos.

Los patos le explicaron lo que debía hacer:

—Durante cuatro días seguidos nadarás en esta laguna cuatro veces por la mañana. Y en cada ocasión deberás entonar además esta canción mágica.

—Enseñadme la canción —dijo el coyote.

Los patos azules enseñaron la canción al coyote, pero le hicieron una advertencia. Le explicaron que era preciso guardar un cierto orden para que el hechizo surtiera efecto.

El coyote no prestó demasiada atención a lo que le decían. En cuanto se aprendió la canción de memoria saltó al agua y nadó hacia la otra orilla.

Atravesó la laguna, pero tan solo una vez. Después salió del agua.

Su piel pardusca ya estaba azul, y se había puesto muy contento.

No esperó a que pasaran los cuatro días. Cantó la canción mientras paseaba por las colinas.

Cuando los patos se dieron cuenta de que no había guardado orden en la ceremonia por la que cambia el color de la piel, salieron volando detrás de él e intentaron hacerle regresar.

Pero el coyote se rio de ellos. Ya tenía su piel azul y no le importaba nada lo que los patos venían a decirle. Estaba demasiado orgulloso de su nueva piel. Todos los animales habían de verla y admirarla. Así que cantó con más fuerza mientras continuaba su paseo.

Pero como no había nadie que pudiese admirar su bella piel, se puso a mirársela él mismo.

Se maravilló tanto que no se fijó en dónde pisaba.

Y como estaba en un acantilado, resbaló. se precipitó al abismo y fue a caer a un cenagal[1].

Cuando con gran esfuerzo consiguió salir de allí, su piel había tomado el color del cieno[2]. Así se le quedó para siempre. Y aún sigue siendo así.

Frederik Hetmann, *Historias de pieles rojas.*
Ed. Salvat.

1 cenagal: sitio lleno de cieno.

2 cieno: lodo, barro.

Actividades

INVESTIGA LA LECTURA. DESCUBRE SUS SECRETOS

1 El coyote vio algo, en la laguna, que le llamó mucho la atención y le gustó. Tanto que él también la quería tener. ¿Qué fue?

a) Vio a unos patos azules y él también quería tener la piel azul.

b) Vio que otros coyotes tenían un pelo sedoso y magnífica dentadura.

c) Vio que los patos no sabían ni cantar ni nadar ni nada.

2 Los patos le dijeron al coyote que, para que el hechizo surtiera efecto, tenía que guardar un orden en lo que decían. ¿Qué hizo el coyote?

a) El coyote pensó que lo mejor y lo más fácil era convertirse en pato.

b) El coyote pensó que los patos eran muy listos. Haría lo que decían.

c) No guardó el orden que le habían dicho los patos.

3 El coyote se rio mucho y no hizo caso del orden que le dijeron los que sabían: los patos. ¿Qué le sucedió al final?

a) Que en vez de la piel azul, le salió negra como el carbón.

b) Que de tanto mirarse, se cayó a un cenagal y se le puso el color del cieno, para siempre.

c) No le sucedió nada. Desde entonces, le llamaban el coyote azul.

ES BUENO ESCUCHAR A LOS QUE SABEN

4 Y el que más sabe de palabras es algo que seguro conoces bien. Se llama diccionario. Léelo, o míralo en tu ordenador, cuando tengas una duda.

- Formáis ahora cuatro equipos. Sabiendo que el coyote es un animal mamífero (se alimenta, después de nacer, con la leche de las mamas de su madre), la prueba consiste en escribir el mayor número de animales mamíferos que conozcáis. Gana el equipo que más mamíferos apunte, después de comprobarlo en el diccionario.

TIENES UN CORREO

5 La lectura *Por qué los coyotes no tienen la piel azul* es una **leyenda.** Una narración inventada que, generalmente, se refiere a algún hecho que ocurrió en realidad. Las leyendas forman parte de la cultura de todos los países.

►►**Busca, busca y encontrarás. Con este mensaje, lo lograrás.**

¿Qué sucederá? En la lectura lo encontrarás

7 El primer resfriado

LULA decidió llevar un vuelo alto. HERMI lo tenía complicado, porque ella siempre iba a ras del suelo, que para eso era hormiga.

Todo el mundo, por la calle, estaba fatal.

—¡Achís! ¡Achís! Me duele, estoy muy mal —decían.

—¡Madre mía! —pensaron las dos—. ¡Vaya resfriado que tienen! Vámonos de aquí —dijo LULA—, si no queremos coger el resfriado que dice la lectura. Es el primero y, casi siempre, el peor.

8 El ratón, el gato y el gallo

Cuando MONTI leyó la lectura del *Ratón, el gato y el gallo*, se acordó de cuando él era muy pequeño. Salió a dar sus primeros saltos. En el campo, un señor llevaba un palo con una red preciosa. Una niña, no hacía más que correr detrás de él para ver los colores de sus alas. Pensaba que lo mejor era irse con el señor, que tenía esa red tan bonita. Y menos mal que el anciano saltamontes le explicó después lo que le podría haber sucedido. ¿Le habría pasado como al ratón, con el gallo y el gato? En la lectura lo averiguarás.

9 El viejo Sultán

—Oye MIRLO —le dijo HERMI—. ¿Tú vas a serme fiel? Yo te he ayudado siempre a buscar. Juntos, hemos encontrado muchas cosas. Yo voy más despacio que tú, pero hago lo que puedo.

—Pues claro, HERMI. Yo siempre te seré fiel. ¿Por qué me dices eso?

—Te lo digo, por lo que le pasó al viejo Sultán, en la lectura que acabamos de leer.

—Tranquila, HERMI. Nunca te traicionaré, como el lobo. Yo volando y tú a tu paso, despacio, conseguiremos lo que buscamos.

10 Adivina, adivina

Y allí estaba la pandilla al completo: MONTI, LULA, HERMI y MIRLO. La lectura lo necesitaba y de buscadores se trataba. Ninguno sabía si con aquello podría. Al leerlo, vieron lo que allí había: el más difícil todavía.

Alguien con una casa encima. Una que corre por la pared. Una cabeza, sin nariz, ojos ni frente, solo con blancos dientes...

¡Madre mía! ¡Vaya lío! ¡Qué galimatías!

Suerte al leer y suerte al buscar. Ahora, a ti te toca adivinar.

11 Jaime de Cristal

MONTI puso en funcionamiento toda su memoria de saltamontes. ¿Habría pasado él por aquella lejana ciudad, en sus saltos? ¿Habría visto a ese niño tan increíble, ese niño transparente, *Jaime de Cristal*? Aquella lectura lo dejó muy pensativo. Movió sus ojos, sus antenas, todo. Y siempre le venía a su cabeza de saltamontes lo que la lectura decía al final. ¿Por qué Jaime, siendo de cristal, tan frágil, era tan poderoso?

En la lectura encontrarás la solución a la pregunta de MONTI.

12 El pájaro kandowei

A LULA le gustó muchísimo la leyenda *El pájaro kandowei*. Le encantaría ser una libélula tan lista como ese pájaro. Porque ella también volaba. Y también iba cerca de los sitios con agua. Y también podía ir encima de algunos animales, y más cosas. Pero ¿cómo consiguió el pájaro kandowei ganar la apuesta al búfalo y beberse toda el agua del mar?

Piensa tú y, cuando leas esta leyenda, sabrás por qué la cuentan los indígenas malayos de Borneo.

7

POESÍA

El primer resfriado

Me duelen los ojos,
me duele el cabello,
me duele la punta
tonta de los dedos.

Y aquí en la garganta
una hormiga corre
con cien patas largas.
Ay, mi resfriado,
chaquetas, bufandas,
leche calentita
y doce pañuelos
y catorce mantas
y estarse muy quieto
junto a la ventana.

Me duelen los ojos,
me duele la espalda,
me duele el cabello,
me duele la tonta
punta de los dedos.

Celia Viñas Olivella,
Música y poesía para niños.
Ed. Everest.

Actividades

INVESTIGA LA LECTURA. DESCUBRE SUS SECRETOS

1 Quien habla en la poesía nos cuenta su primer resfriado. ¿Por dónde empieza a contar?

a) Empieza por las rodillas, porque le duelen al andar.

b) Empieza por la cabeza: los ojos, el pelo y luego va bajando.

c) Empieza por los pies, porque ahí se toma la temperatura.

2 Seguro que también has notado que, con el resfriado, algo te pasa en la garganta. ¿Qué nota quien habla?

a) Que se quedó con la boca abierta, en el campo, y le entró una hormiga grandísima.

b) Notó que gallo que no canta, algo tiene en la garganta.

c) Notó que la garganta le escocía y le raspaba, como si tuviera dentro una hormiga.

3 ¿Hasta dónde le dolía su cuerpo, por el resfriado?

a) Le dolía sobre todo la lengua, porque hablaba mucho.

b) Le dolía por todas partes: la cabeza, la espalda, la garganta y hasta la punta de los dedos.

c) Le dolían mucho las orejas, porque se sonaba por las orejas.

¡ESTOY FATAL!

4 Por el dibujo sabes que quien está fatal y se encuentra muy mal tiene un resfriado. Nos dice que le duele todo. ¿Has tenido tú algún resfriado? ¿Qué notabas? Cuéntanos ahora cómo fue. ¿Qué sucedió? ¿Te pasaban cosas como las que dice la autora en la poesía? ¿Quién estaba contigo? ¿Te pusieron el termómetro? ¿Tenías fiebre? ¿Llamaron al médico? ¿Qué hicieron para curarte? Si recuerdas, cuenta cómo fue tu primer resfriado y qué hiciste cuando, al final, conseguiste superarlo.

TIENES UN CORREO

5 Hoy vamos a saber qué es un **poema.** Es una obra literaria, escrita en verso (las líneas son más cortas), que habla de un asunto que al poeta (en este caso, a Celia Viñas, la autora) le interesa, le gusta o le preocupa.

▸▸ Busca, busca y encontrarás. Con este mensaje, lo lograrás.

8

FÁBULA

El ratón, el gato y el gallo

En una hermosa mañana, un ratoncillo novato quiso ir a ver mundo. Sin encomendarse a nadie, salió de su casa, olfateó el aire y se lanzó a la aventura.

—¡Huy, cuántas maravillas me estaban esperando fuera de la madriguera! —se decía el joven ratón mientras corría como un loco de aquí para allá, abriendo unos ojos como aceitunas negras.

De golpe y porrazo, se detuvo. ¿Qué demonios era aquello? El corazón se le puso a cien por hora. Delante tenía plantadas dos bestias, muy, pero que muy extrañas, totalmente diferentes la una de la otra.

La primera, sobre un banco de piedra, tenía un aire gracioso, amable y dulce.

La otra, muy al contrario, armaba un escándalo terrible, con su voz estridente[1] y con el aleteo de sus brazos emplumados. De la cabeza le colgaba un trozo de carne roja y asquerosa, su cola parecía un abanico, y las patas, un par de tenedores...

Y el pobre ratón, que en su vida había visto un gallo, se asustó tanto que, en un abrir y cerrar de ojos, giró en redondo y huyó hacia su madriguera.

—¡Ay, madre, si supieras lo que he visto! Y, temblando como una hoja, le explicó a su madre, con pelos y señales, lo horroroso que era aquel monstruo.

—¡Maldito bichejo! —decía furioso el pequeño—. Si no hubiera sido por él, me hubiera hecho amigo del otro animalillo... Ese sí que era simpático, ¡con aquel pelo tan suave...!

1 estridente: desagradable.

—¡Y qué rabo más largo tenía, y qué bigotes tan finos! ¡Como nosotros! Y a pesar de que estaba tan quieto, ¡cómo le brillaban los ojos cuando me miraba! Debe ser amigo de los ratones, mamaíta. ¡Quién sabe si somos parientes y todo! ¡Ay, si por lo menos aquella fiera no me hubiera hecho huir!

—Pues mira, esa fiera que tú dices, seguramente te ha salvado la vida —le dijo la madre—. Porque el animalillo que tú encuentras tan bonito y simpático nos la tiene jurada: es un gato, ¡nuestro peor enemigo!

—En cambio el otro, el gallo, hijo mío, es de lo más inofensivo. Pero el gato, a poco que te despistes, te comerá en un santiamén. ¡Alerta, pues! Y recuerda —le advirtió su madre— que las apariencias engañan.

Y aquella noche el ratoncillo soñó con fantásticos gallos, que cantaban maravillosamente, y tremendos gatos, a quienes el gallo picoteaba sin parar.

Jean de La Fontaine. *(Adaptación de la fábula del mismo nombre).*

Actividades

INVESTIGA LA LECTURA. DESCUBRE SUS SECRETOS

1 El ratoncillo, que era muy joven, quería ver el mundo y salió de la madriguera. Todo iba muy bien, hasta que se paró en seco. ¿Qué vio el ratoncillo?

a) Vio a dos bestias muy distintas: una, graciosa, dulce y amable. La otra bestia, escandalosa y estridente.

b) Vio a muchísimos animales terribles que él no conocía.

c) Vio a un montón de ratoncillos y pensó que eran sus hermanos.

2 Uno de los animales que vio, le pareció una bestia horrible, porque no lo conocía. ¿Cuál le pareció espantoso?

a) El más terrible le pareció uno que se llamaba caza ratones.

b) El más terrible le pareció uno que hacía un ruido muy desagradable y con un trozo de carne que le colgaba de la cabeza: era un gallo.

c) El más terrible le pareció una hormiga gigante, que pasaba por allí.

3 Pero ¿con quién debería haber tenido cuidado, según dijo su madre?

a) Debería haber tenido cuidado con todo el que pasara por allí.

b) Debería haber tenido cuidado con el gato, tan bonito y simpático, porque es su peor enemigo. Los gallos, sin embargo, son inofensivos.

c) Debería haber tenido cuidado con los perros, tan amigos de los gatos.

LAS APARIENCIAS ENGAÑAN

4 Al pobre ratoncillo le pareció precioso el gato, por su aspecto: con un rabo largo, como ellos, unos bigotes maravillosos, un pelo suave… Y el gallo le pareció horrendo. Pero ¿tenía razón su madre, diciendo que no se fiara del gato? ¿Te ha pasado a ti alguna vez? ¿Te has fiado de alguien, porque era muy gracioso o graciosa y vestía muy bien? ¿Has pensado que alguien, por no tener mucho dinero o no vestir muy bien, era mejor no fiarse? Comenta la frase: *Las apariencias engañan.*

TIENES UN CORREO

5 El nombre de una obra literaria escrita por un autor o una autora se llama **título.** Cuando el autor ha terminado un libro, lo lleva a una empresa, que se llama **editorial,** para que lo editen y lo publiquen. Pueden publicarlo en papel o en formato electrónico, para leerse en un ordenador. Por lo tanto, podemos leer un libro de las dos maneras. Lo importante es leerlo y disfrutar con la lectura.

▶▶Busca, busca y encontrarás. Con este mensaje, lo lograrás.

9

CUENTO

El viejo Sultán

Un campesino tenía un perro fiel, que se llamaba Sultán y que se había hecho viejo, había perdido todos los dientes y no podía morder ya nada con fuerza.

Cierto día estaba el campesino con su mujer ante la puerta de su casa y dijo:

—Sultán ya no sirve para nada. Hay que terminar con él. La mujer, que sintió compasión por el fiel animal, añadió:

—Ya que nos ha ayudado durante tantos años y ha sido fiel podíamos darle el pan ahora porque se lo debemos.

El pobre perro, que estaba tumbado al sol no lejos de allí, había oído todo esto y estaba triste. Tenía un buen amigo, el lobo, al que contó lo que querían hacer con él.

—Oye —dijo el lobo—, quédate tranquilo, que yo te ayudaré a salir de este apuro. He pensado algo: mañana por la mañana va tu señor con su mujer al campo y llevarán a su niño pequeño con ellos, porque no queda nadie en la casa. Mientras trabajan, suelen colocar al niño detrás del seto, al sol. Échate al lado como si estuvieras cuidándolo. Yo entonces saldré del bosque y me llevaré al niño, y tú sales corriendo rápidamente detrás de mí, como si me lo quisieras quitar. Lo dejaré caer y tú se lo devuelves a sus padres. Creerán que lo has salvado y te estarán tan agradecidos que no te harán ningún daño.

La propuesta fue del agrado del perro, y tal como fue pensada se realizó.

El padre dio un grito cuando vio que el lobo corría con su hijo por el campo, pero cuando el viejo Sultán lo trajo de nuevo, se alegró, lo acarició y dijo:

—No se te tocará ni un pelo, tendrás comida mientras vivas.

A su mujer le dijo:

—Ve a casa y hazle al viejo Sultán puré de miga de pan, así no tendrá que masticar, y tráele la almohada de mi cama: se la daré para que se eche donde quiera.

Desde ese momento, le fue tan bien al viejo Sultán que no pudo desear nada mejor. Poco después le visitó el lobo y se alegró de que todo le hubiera salido así de bien.

—Pero, amigo —dijo—, espero que hagas la vista gorda si yo aprovecho una ocasión para quitarle a tu señor una buena oveja. Es difícil hoy en día poder salir adelante.

—Ni pensarlo, con eso no cuentes —contestó el perro—. Yo soy fiel a mi señor, y no puedo permitirlo.

El lobo pensó que esto no lo había dicho en serio, y cuando llegó la noche, en silencio, quiso llevarse a la oveja. Pero el campesino, al que el viejo Sultán había alertado de los planes del lobo, lo espantó disparando su escopeta. El lobo tuvo que escaparse y le gritó al perro:

—¡Espera, mal amigo, ya te arrepentirás de esto!

A la mañana siguiente, envió el lobo al jabalí e hizo que el perro saliera al bosque; allí arreglarían cuentas. El pobre Sultán no pudo encontrar más ayuda que la de un gato, que no tenía más que tres patas y que iba cojeando, al mismo tiempo que estiraba el rabo hacia lo alto, de dolor. El lobo y su ayudante llegaron al sitio convenido, pero cuando vieron el rabo levantado del gato, y cómo saltaba el pobre animal sobre sus tres patas, pensaron que cogía piedras para tirárselas. Entonces les entró miedo a los dos, el jabalí se escondió en el follaje[1] y el lobo saltó a un árbol. Cuando llegaron el perro y el gato, se extrañaron de no ver a nadie. Pero el jabalí no se había podido esconder del todo, y sus orejas sobresalían por encima. Mientras el gato miraba a su alrededor cuidadosamente, el jabalí movió las orejas; el gato, pensando que allí se movía un ratón, saltó y le mordió con fuerza. El jabalí se levantó chillando y salió corriendo, mientras gritaba:

—¡Allí en el árbol está el culpable!

El perro y el gato levantaron la mirada hacía arriba y divisaron al lobo que, avergonzado de haberse mostrado tan cobarde, aceptó hacer las paces con el perro.

J. y W. Grimm, *Cuentos de niños y del hogar I (adaptación)*. Ed. Anaya.

1 follaje: plantas y árboles.

Actividades

INVESTIGA LA LECTURA. DESCUBRE SUS SECRETOS

1 El campesino le dijo a su mujer que había que acabar con el perro Sultán. ¿Por qué quería hacer eso?

a) Porque comía demasiado y no podía pagar tanto dinero.

b) Porque decía que se había hecho viejo y no servía para nada.

c) Porque al viejo Sultán no le gustaban los niños.

2 Después de ayudar a Sultán, el lobo le propuso un engaño. ¿Qué tenía que hacer Sultán?

a) Tenía que ganar la carrera olímpica para perros guardianes.

b) Tenía que hacer como si no viera al lobo robar una oveja a su señor.

c) Tenía que ir a robar más ovejas, para que el lobo se las comiera.

3 El perro Sultán no aceptó el engaño que le proponía el lobo. ¿Crees que, de verdad, el lobo era un buen amigo del perro Sultán?

a) Sí, porque sabía que engañando a alguien se consigue todo.

b) No. Al final, el lobo estaba avergonzado de lo que había hecho.

c) Sí, porque lo más importante era robar las ovejas.

LOS MAYORES SABEN MUCHO. LOS MAYORES NOS AYUDAN

4 El campesino dijo que Sultán ya no valía para nada, porque estaba viejo.

- ¿Qué piensas tú de los mayores? ¿Crees que ya no valen para nada? ¿Conoces a alguna abuela o algún abuelo, tuyos o de un amigo? ¿Te lo pasas bien con ellos?

Cuenta lo que más te haya gustado de una abuela o de un abuelo, que tú recuerdes.

TIENES UN CORREO

5 Los hermanos **Grimm, Jakob** y **Wilhelm,** autores de esta lectura, fueron escritores alemanes, que se dedicaron a escuchar, a recoger y a escribir cuentos para niños y niñas. ¿Sabes cuántos escribieron? Pues más de doscientos. Entre ellos, uno que seguro conoces: *Blancanieves.*

Si en la biblioteca o en la librería encuentras cuentos de los hermanos Grimm, pide consejo y lee alguno. Seguro que te encantarán.

▸▸ Busca, busca y encontrarás. Con este mensaje, lo lograrás.

10

ADIVINANZAS

Adivina, adivina

¿Quién es este que se arrima
trayendo su casa encima?

Es un gran señorón:
tiene verde sombrero
y pantalón marrón.

Un bichito verde
sobre la pared,
corre que te corre,
busca qué comer.

Un platito de avellanas,
que de día se recoge
y de noche se derrama.

Estoy en el sol,
estoy en el río,
y cuando camino
voy contigo.

Tengo cabeza redonda
sin nariz, ojos ni frente,
y mi cuerpo se compone
tan solo de blancos dientes.

Me llegan las cartas
y no sé leer,
y aunque me las trago,
no mancho el papel.

El burro me lleva a cuestas,
metida voy en baúl,
yo no la tuve jamás
y siempre la tienes tú.

Nunca podrás alcanzarme
aunque corras tras de mí,
y por más que quieras irte,
siempre estaré junto a ti.

Popular.

Actividades

INVESTIGA LA LECTURA. DESCUBRE SUS SECRETOS

Te vamos a dar algunas pistas, porque esto de las adivinanzas parece muy fácil, pero no lo es tanto. A lo mejor, hasta te vienen muy bien. Si contestas a las preguntas correctamente, ya verás como te conviertes en profesional de las adivinanzas. Cuéntalas luego a gente que conozcas y a ver si las aciertan.

1 ¿Cuánto crees que puede pesar esa casa, que alguien lleva encima?

a) Pues pesa lo mismo que la nuestra, donde vivimos. Lo que sucede es que la llevan la forzuda y el forzudo. Se llaman "los caserones".

b) Pues pesa muy poquito, porque la concha del caracol es muy delgada.

c) Nada, porque es mentira. Nadie lleva una casa encima.

2 Hemos leído una adivinanza con las avellanas. ¿Tú crees que es una fiesta, donde hay avellanas y más cosas, pero las avellanas se derraman, se caen?

a) Sí, porque en las fiestas hay avellanas, panchitos, patatas y más cosas. Pero las avellanas siempre se caen, porque son redondas.

b) Sí, porque las avellanas siempre se comen por la noche.

c) No. Porque de lo que habla la adivinanza es de las estrellas. De día no se las ve. Pero de noche, se ven por el cielo, como si se derramasen.

3 ¿A quién crees que le pueden llegar tantas cartas, si no sabe leer?

a) Como es una adivinanza, a quien le llegan es al buzón, que parece que se traga las cartas.

b) Es alguien a quien le encanta comer mucho papel.

c) Es que se las mandan a una hermana y a un hermano que son gemelos. Pero no saben leer, porque tienen un año.

ADIVINA ADIVINANZA

4 Aquí tienes más adivinanzas. Une en tu cuaderno la adivinanza y su solución.

- Si lo nombro, lo rompo.
- En el agua se hace y en ella se deshace.
- Orejas largas, rabo cortito; corro y salto muy ligerito.

la sal	el silencio	el conejo

►► **Busca, busca y encontrarás. Con este mensaje, lo lograrás.**

11

CUENTO

Jaime de Cristal

En una lejana cuidad nació en cierta ocasión un niño que era transparente. Se podía ver a través de sus miembros como se ve a través del aire y del agua. Era de carne y hueso y parecía de vidrio, y si se caía no se rompía en mil pedazos, sino que, como máximo, se hacía un chichón transparente en la frente.

Se veía latir su corazón y se veían sus pensamientos, inquietos como los peces de colores en su pecera.

Una vez el niño dijo una mentira, por equivocación, y la gente vio inmediatamente algo como una bolita de fuego a través de su frente; dijo la verdad, y la bolita de fuego desapareció. Durante el resto de su vida no volvió a decir más mentiras.

En otra ocasión, un amigo le confió un secreto y todos vieron inmediatamente algo como una boli-

ta negra que giraba ininterrumpidamente dentro de su pecho, y el secreto dejó de serlo.

El niño creció, se hizo un muchachote, luego, hombre, y todos podían leer sus pensamientos, y cuando se le hacía una pregunta adivinaban su respuesta antes de que abriera la boca.

Se llamaba Jaime, pero la gente le llamaba Jaime de Cristal, y lo apreciaban por su lealtad[1], y a su lado se volvían amables.

Desgraciadamente, un día subió al gobierno de aquel país un feroz dictador y comenzó entonces un período de opresiones, de injusticias y de miseria para el pueblo. [...]

La gente callaba y aguantaba, temerosa de las consecuencias.

Pero Jaime no podía callar. Aunque no abriese la boca, sus pensamientos hablaban por él: era transparente y todos leían en su frente sus pensamientos de desdén[2] y de condena a las injusticias y violencias del tirano[3]. Luego, a escondidas, la gente co-

1 lealtad: fidelidad, que no engañaba.

2 desdén: desprecio.

3 tirano: gobernante que abusa de su poder.

mentaba los pensamientos de Jaime y así renacía en ellos la esperanza.

El tirano hizo detener a Jaime de Cristal y ordenó que lo encerraran en la más oscura de las prisiones.

Pero entonces sucedió algo extraordinario. Las paredes de la celda en que había sido encerrado Jaime se volvieron transparentes, y luego también las paredes del edificio, y finalmente también los muros exteriores de la prisión. La gente que pasaba cerca de la cárcel veía a Jaime sentado en su taburete, como si la prisión fuese también de cristal, y continuaba leyendo sus pensamientos. Por la noche la prisión esparcía[4] a su alrededor una gran luminosidad y el tirano hacía cerrar todas las cortinas de su palacio para no verla, pero ni así conseguía dormir. Incluso estando encarcelado, Jaime de Cristal era más poderoso que él, porque la verdad es más poderosa que cualquier otra cosa, más luminosa que el día, más terrible que un huracán.

4 esparcir: arrojar, extender.

Gianni Rodari, *Cuentos por teléfono*. Ed. Juventud.

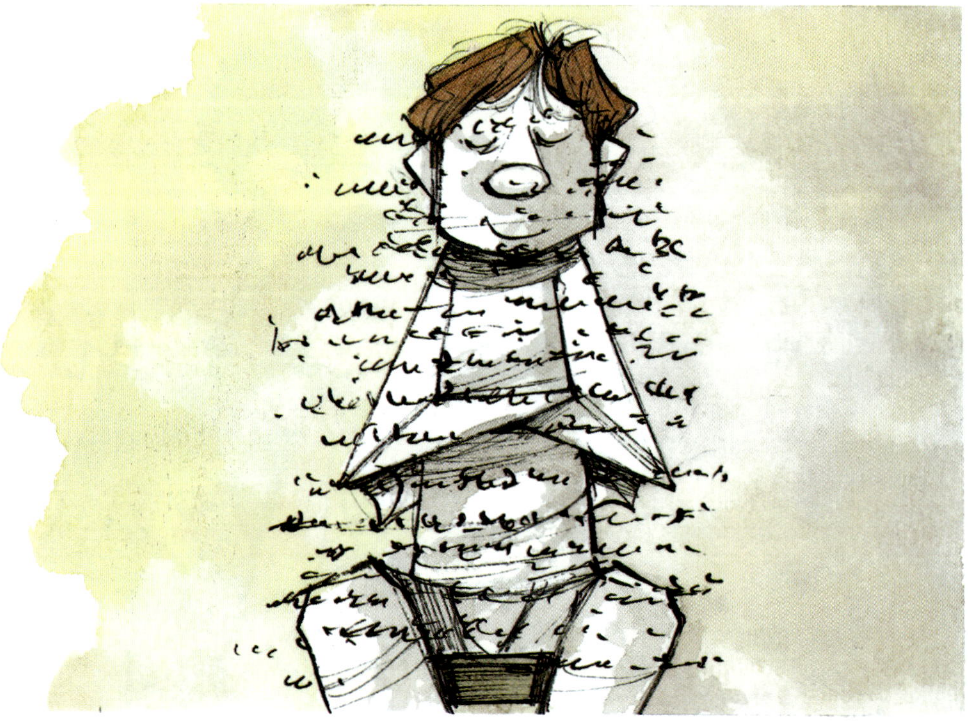

Actividades

INVESTIGA LA LECTURA. DESCUBRE SUS SECRETOS

1 ¿Cuál era la diferencia entre Jaime y cualquiera de los demás niños?

a) Que tenía los huesos tan blandos que enseguida se le rompían.

b) Que no le gustaban los secretos que le contaban.

c) Que era transparente. Se le veían el corazón, los huesos y hasta los pensamientos.

2 Cuando un tirano llegó al gobierno de aquel país, hizo detener a Jaime de Cristal. ¿Por qué mandó que lo encerraran en una oscura prisión?

a) Porque el dictador también se llamaba Jaime y no admitía que nadie se llamara como él.

b) Porque condenaba las injusticias del tirano y, como era de cristal, todos podían leer sus pensamientos.

c) Porque el tirano también era de cristal.

3 ¿Qué ocurrió cuando Jaime de Cristal entró en la cárcel del tirano?

a) Que el tirano estaba muy contento, porque le encantaba la luz.

b) Ocurrió algo extraordinario: que toda la prisión se volvió transparente y la gente seguía leyendo los pensamientos de Jaime.

c) Que la gente estaba triste. No podían leer los pensamientos de Jaime.

LA VERDAD ES MUY PODEROSA

4 La palabra *verdad* se escribe con uve. Y la palabra *gobierno* se escribe con be. Ahora escribe en tu cuaderno la opción correcta en las siguientes palabras. (Si tienes alguna duda, el diccionario te ayuda.)

no__edad (b/v)	__ola (b/v)	vol__er (v/b)
equi__ocación (b/v)	__idrio (b/v)	adi__inar (v/b)

TIENES UN CORREO

5 **Gianni Rodari,** el autor de este cuento, fue un italiano que nació en 1920 y murió en 1980. Tuvo dos profesiones en la vida a las que amó: profesor y escritor. Y escribió libros maravillosos para que todos disfrutemos. Puedes leer *Cuentos por teléfono,* de editorial Juventud. Seguro que te encantará.

▸▸ **Busca, busca y encontrarás. Con este mensaje, lo lograrás.**

12

LEYENDA

El pájaro kandowei

El kandowei es un pájaro muy listo. En cierta ocasión se encontró con el búfalo a la orilla del mar, y empezó a reírse, diciendo:

—Si yo quisiera, podría beberme toda el agua del mar y dejarlo seco.

El búfalo solamente replicó:

—Si tú puedes hacer eso, mejor lo podré hacer yo que soy mucho más grande que tú.

—Eso es lo que yo dudo —respondió el kandowei—, pero, de cualquier modo, mañana podemos hacer el experimento, viniendo a este lugar.

Según lo convenido[1], al día siguiente, por la mañana, volvieron a encontrarse en la bahía[2], junto a la orilla del mar.

1 convenir: ponerse de acuerdo.

2 bahía: entrante natural en la costa.

—Vamos a hacer la prueba ahora —dijo el astuto kandowei—. Empieza tú a beber el agua de esta bahía, y después que lo hayas hecho, podremos andar sobre la tierra seca del mar.

En aquel momento empezaba a subir la marea, y el búfalo comenzó a beber agua del mar. Bebió agua y más agua hasta casi reventar, pero, precisamente, en vez de disminuir, cada momento aumentaba mucho más. Cansado ya de beber, y viéndose vencido, hubo de confesar a kandowei su impotencia para continuar bebiendo más agua del mar.

—Veamos ahora si tú puedes, y si llegas a conseguirlo, yo, desde este momento, me entrego a ti como esclavo para toda la eternidad; pero ya está visto que esto es imposible.

El astuto kandowei respondió riéndose:

—Nada más fácil que beber toda el agua del mar; espera un poco y verás cómo lo hago.

Efectivamente, el kandowei esperó a que empezara a bajar la marea, y entonces, metiendo su pico en el agua, como si estuviera bebiendo, contempla-

3 adentrarse: penetrar en algún sitio; entrar.

4 resignarse: conformarse, someterse.

5 sumiso: sometido.

ba cómo ésta se iba retirando. A medida que bajaba la marea, se adentraba[3], con el pico metido en el agua, hasta que bajó del todo, quedando seca la bahía.

—Veo que has cumplido lo que prometiste —le dijo el búfalo resignado[4].

Desde entonces, el pájaro kandowei, posándose sobre el ancho lomo del búfalo, se encuentra como en su propia casa, sin miedo, saltando y bailando en torno a él, y volviéndose a posar, sin que pueda molestarse. Unas veces vuela para cazar las moscas, que zumban y revolotean alrededor de sus grandes ojos; otras, se entretiene en comer los insectos y gusanos que se posan encima. Y el búfalo se muestra sumiso[5] y obediente al kandowei como su esclavo, porque el pájaro le ganó la apuesta.

Los indígenas malayos de Borneo lo cuentan para explicar cómo los pájaros kandoweis siempre van encima del lomo de los búfalos.

Leyenda popular de Malasia. *(Adaptación).*

Actividades

INVESTIGA LA LECTURA. DESCUBRE SUS SECRETOS

1 Dice la leyenda que el pájaro kandowei era muy astuto. ¿Qué pensó para reírse del búfalo?

a) Pensó que el búfalo se bebería todo el mar y así se pondría gordísimo.

b) Pensó que podía hacer una prueba con el búfalo y así reírse un rato de él.

c) Pensó que los pájaros beben más que los búfalos. Así pueden volar.

2 Ya sabes que retirarse la marea, en el mar, significa que el agua va hacia dentro. ¿Por qué esperó el pájaro a que se retirase la marea?

a) Porque el mar se retiraba. Él metía el pico y parecía que se la iba bebiendo toda.

b) Porque así habría mucha agua y podría beber más.

c) Porque los búfalos se marean, cuando ven moverse el mar.

3 Con su estratagema, el pájaro kandowei consiguió una cosa, que cuentan los indígenas malayos de Borneo. ¿Cuál fue?

a) Consiguió convertirse en un pez enorme, que llaman el "pez búfalo".

b) Consiguió ganar al búfalo en peso y fuerza.

c) Consiguió que, desde entonces, el pájaro vaya encima del búfalo, sin problema. Puede comerse todos los insectos que quiera.

EL PÁJARO KANDOWEI Y EL BÚFALO VAN AL MAR

4 En tu diccionario, puedes encontrar el significado de las siguientes palabras. Escribe en tu cuaderno todas las palabras que tengan que ver con el mar.

bahía	ola	nube	bosque	oleaje
bajamar	buey	uva	playa	horizonte

TIENES UN CORREO

5 *El pájaro kandowei* es un texto que pertenece, como ya sabes, al género de la leyenda. Un texto podemos dividirlo en partes más pequeñas, que se llaman **párrafos.** Van separados por un punto y aparte. Los párrafos están compuestos de **líneas,** que son cada uno de los renglones que hay en un párrafo.

►►Busca, busca y encontrarás. Con este mensaje, lo lograrás.

¿Qué sucederá? En la lectura lo encontrarás

—13 Otoño

MIRLO leyó el poema una vez. Y otra. Y otra. ¡Le traía tantos recuerdos!

En el verano, se encontraba bien. Había mucho que comer y un calorcito bueno. Pero el otoño, era maravilloso. A él le sucedía lo que había leído. ¿Qué escuchará MIRLO en el bosque? ¿Cómo sonarán las hojas, con el viento? ¿Adónde irán las hojas este otoño? ¿De qué color se pintará el otoño?

Vuela con esta lectura. Vuela con MIRLO y descubrirás el otoño.

—14 La cara de la risa

LULA es una auténtica especialista en buscar... ¡Risas! Muchas veces, los tres de la pandilla se tronchan, de ver lo que hace volando. En el aire, en el cielo, alrededor de un árbol... donde sea. LULA es como un dibujo que vuela.

Por eso le encantó la lectura de *La cara de la risa*. Es como si alguien hubiera estado detrás de ella, con una cámara oculta. Porque ella también juega... a buscar volando. Juega que te juega, que volando encontrarás.

—15 A descubrir el mundo

Cuando MIRLO leyó las primeras líneas de *A descubrir el mundo*, supo que estaba casi escrita para él. El resto de la pandilla lo entendió. Hablaba de una gorriona y sus gorriones. ¿Y quién buscaría mejor? Pues MIRLO, que para eso era un pájaro. Los gorriones que nacieron no conocían el mundo. Así que también tenían que buscar. Y la mamá gorriona se lo fue descubriendo. Era fantástica. Cipi iba más rápido. Se adelantó a todos. Pero claro, al ser el más veloz, el primer susto se lo llevó él. ¿Qué le sucedió? ¿Cómo se resolvería?

16 Cartas de la ardilla y del oso

MONTI también había ido a reuniones de saltadores: canguros, pulgas, conejos... Pero nunca vio celebrar un cumpleaños tan original: ¡una ardilla y un oso! Como el cumple era de la ardilla, a ella le tocaba preparar las cosas para comer. Mandó una carta e invitó al oso.

Pero lo que no se esperaba la ardilla era la contestación del oso. ¿Te imaginas lo que le dijo el oso a la ardilla que quería él para comer?

Quizá la respuesta te parezca tan alucinante como a MONTI. Compruébalo en la lectura.

17 El jardín

Cuando HERMI leyó la lectura *El jardín*, pensó que había visto muchos sapos. Pero nunca como Sapo y Sepo. Y tampoco un jardín tan bonito, como el de Sapo. Sepo dijo que quería un jardín así. Que fuera precioso. Sapo le advirtió que eso no se conseguía de la noche a la mañana. Y le hizo un regalo a Sepo. Pero pasaba el tiempo. Y nada. ¿Qué ocurría con el regalo que le hizo Sapo? ¿Conseguiría tener el jardín más bonito? ¿Sería el regalo de Sapo la maravilla que Sepo esperaba?

Puedes descubrir, en la lectura, en qué acaban Sepo y su jardín.

18 Canción

LULA y MIRLO, los dos buscadores voladores de la pandilla, leyeron juntos aquel poema. Sabían muy bien lo que sucede, cuando sopla el viento norte. Y les dio mucha pena de ese pobre pajarito, el jilguerito.

Llegaba la nieve. El frío era intenso. ¿Qué hará el compañero, el jilguero volador? ¿Dónde se protegerá mejor?

¿Adónde le envía la poesía? ¿Qué ha de hacer el jilguerito si no se quiere helar?

13

POESÍA

Otoño

1 murmurar: hablar en voz baja.

Las hojas de los chopos se murmuran[1]
secretos al oído
y el tronco les advierte cada tarde
que va a llegar el frío.

Las hojas de los chopos se columpian
cuando las mueve el viento
y las noches de otoño van pintando
de amarillo su cuerpo.

Las hojas de los chopos se desprenden
del calor de la rama
y ponen en el verde de la hierba
una alfombra dorada.

Ana María Romero Yebra,
Hormiguita negra. Ed. Edelvives.

Actividades

INVESTIGA LA LECTURA. DESCUBRE SUS SECRETOS

1 Con el viento del otoño, las hojas de los árboles se juntan, se separan y suenan. ¿Por qué dice la poesía que se murmuran secretos al oído?

a) Porque el chopo es un árbol secreto. Nadie ve las hojas del chopo.

b) Porque con el viento se juntan y parece que hablan muy bajito.

c) A las hojas no les pasa nada, porque nunca hacen caso al tronco.

2 ¿Por qué dice Ana María Yebra, la autora, que las noches van pintando de amarillo el cuerpo de los chopos?

a) Porque los chopos quieren ganar el concurso de dibujo de árboles.

b) Porque, por la noche, se ve más el amarillo que el verde.

c) Porque, en otoño, los árboles y la vegetación pasan a ser amarillos.

3 ¿Por qué dice la poesía que en el verde de la hierba se pone una alfombra dorada?

a) Porque hay mucha gente que prefiere caminar por una alfombra y no por la hierba.

b) Porque las hojas, cuando caen en otoño, son amarillas y parecen doradas.

c) Porque a las hojas de los chopos no les gusta estar en la rama.

LOS COLORES DE LA NATURALEZA

4 En las siguientes frases, faltan letras a algunas palabras. Elige las letras que corresponden y escribe las palabras en tu cuaderno. (No olvides comprobar tu diccionario en el libro o en el ordenador).

- La hier__a (b/v) está __erde (b/v) en los prados de la prima__era (b/v).
- El __ielo (c/z) lo __emos (b/v) a__ul (z/s) en __erano (v/b).
- En otoño, los árboles __erdes (b/v) se con__ierten (v/b) en amari__os (y/ll).
- El gris da color a la llu__ia (b/v) del in__ierno (b/v).

TIENES UN CORREO

5 Ya sabes que una poesía o un poema, que es lo mismo, se compone de un **número de versos** (las líneas más cortas). Cuenta el número de versos de *Otoño.* Si te salen doce, enhorabuena. Tu lectura y tus matemáticas están estupendamente.

▸▸ Busca, busca y encontrarás. Con este mensaje, lo lograrás.

14

TEXTO INFORMATIVO

La cara de la risa

¿Qué materiales necesitas para construirla?

- Cartulinas de colores
- Revistas
- Un trozo de tela
- Tijeras sin punta
- Rotulador
- Cola en barra
- Cuatro tazones o cajas

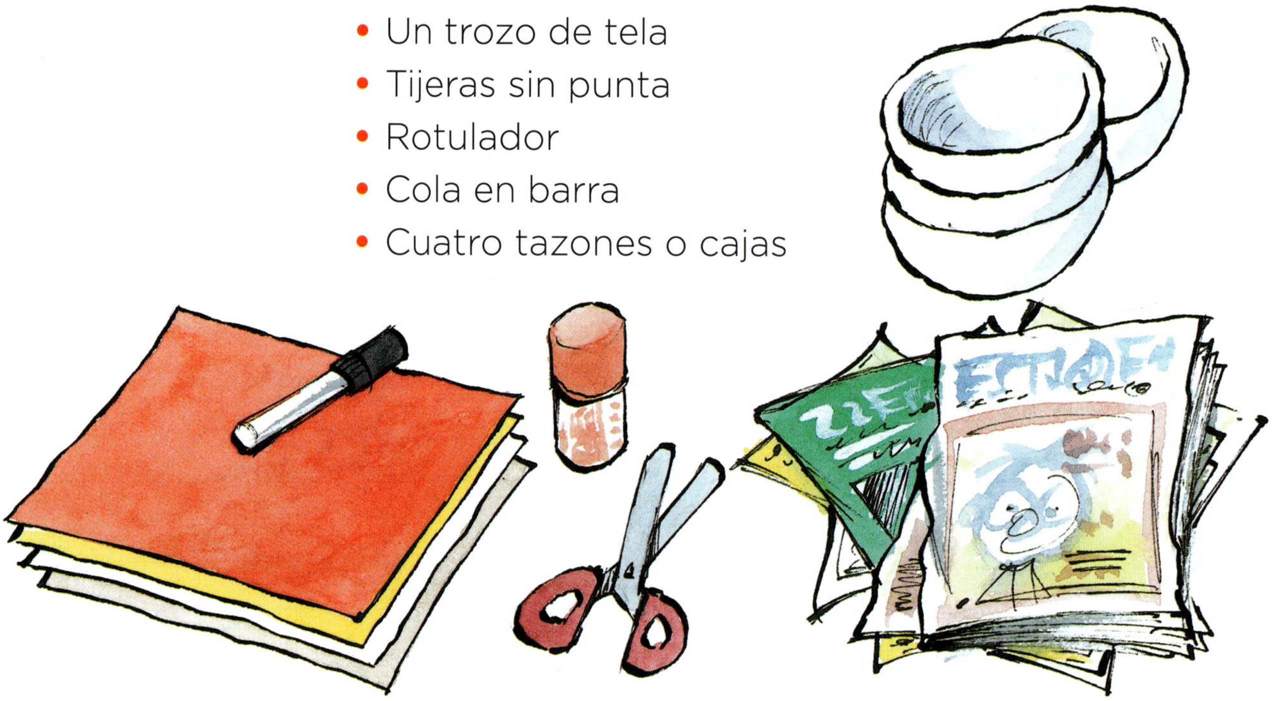

¿Cómo puedes construirla?

1. Dibuja una cara grande sobre una cartulina. Usa cartulina de diferentes colores para hacer el cabello y las mejillas.

2. Recorta ojos, narices, orejas y bocas de las revistas. También puedes dibujarlas tú. Si quieres hacerlo más divertido, busca fotos de hortalizas (zanahorias para hacer de nariz, etc.), ojos de animales, frutas...

3. Pega cada recorte sobre una cartulina.

4. Guarda todos los ojos en un tazón, todas las narices en otro, las orejas en un tercero y las bocas en el último.

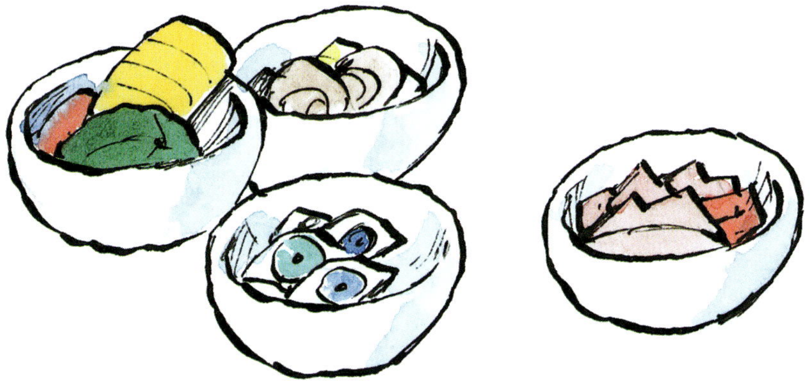

¿Cómo se juega?

Número de jugadores: dos o más.

1. Un jugador se tapa los ojos con el trozo de tela.
2. Otro lo guía para que haga una cara cogiendo las piezas de cada uno de los boles.
3. Cuando ha colocado las piezas se destapa los ojos para que pueda ver su trabajo y reír un rato.

¿Sabías que...?

Es un juego tradicional de Japón, donde se le conoce con el nombre de *fukuwarai.* Fue muy popular entre los siglos XVIII y XIX. Actualmente, forma parte de las costumbres japonesas del primer día del año.

Oriol Ripoll, Francesc Martín,
Cómo construir tus juguetes. Ed. La osa menor.

Actividades

INVESTIGA LA LECTURA. DESCUBRE SUS SECRETOS

1 ¿Te gusta construir? ¿Te gusta jugar? ¿Te gusta reír?

Si es así, ¡enhorabuena! Has encontrado una lectura genial para ti.

Lo que parece increíble es lo que nos cuentan los autores, al final de la lectura.

Resulta que este juego japonés, que se llama *fukuwarai,* era muy popular ¡hace más de trescientos años!

¿Te ha parecido muy antiguo el juego? Bueno, antes que nada: ¿habéis conseguido realizarlo? ¿Con quiénes has jugado? ¿Dónde lo habéis hecho?

Cuéntanos de qué colores eran las cartulinas de la cara, del pelo y de las mejillas. ¿Con qué hicisteis la nariz?

(No olvides que todo el material ya usado que utilices en cualquier juego sirve para reciclarlo: cartulinas, revistas, etc.)

Y ¡ojo con las tijeras! ¡Nunca con punta! Siempre las que usas en clase.

A propósito: ¿a quién le tocó taparse la cara? ¿Y quién se la destapó?

A lo mejor, cuando destapasteis al tapado o a la tapada, se quedaría de una pieza. Es posible que dijera:

— ¡Halaaa! ¿Como me habéis llevado la mano así?

Di a quién se parece la figura que ha salido.

Y ahora, un reto. A ver si consigues superarlo.

¿Conoces algún juego de construir, como el de *La cara de la risa*? ¿Conoces algún otro? Escribe, como en el que has leído, los siguientes datos:

- Qué materiales se necesitan.
- Cómo se puede realizar.
- Cómo se juega.
- Quién gana.

Suerte y a ver si dentro de trescientos años, es tan famoso como el *fukuwarai.*

TIENES UN CORREO

2 El texto que has leído es **informativo**, porque nos proporciona datos e información sobre algo que no conocemos.

▶▶ Busca, busca y encontrarás. Con este mensaje, lo lograrás.

15

NOVELA

A descubrir el mundo

En cuanto los hermanos de Cipi aprendieron a volar, mamá gorriona acompañó a sus hijitos a ver lo que había en torno al palacio en el que habían nacido. Primero fueron al ciruelo alto del huerto en el que todas las noches, antes de dormir, los gorriones del tejado se contaban los sucesos del día. Aquel vuelo fue fácil para Cipi, en cambio a los hermanos les latía fuerte el corazón, pero todo marchó bien. Cipi voló a lo alto del árbol nada más llegar y desde allí empezó a explorar el mundo.

—Mami, ven a ver, ¿qué es lo que hay aquí? ¿Qué hay allí?

—Ahora iremos a ver todo —respondió la mamá. Y continuó el vuelo.

En cuanto entraron en el gran árbol florido se posaron sobre una rama y una vocecita dijo:

—¡Ay, me haces daño! —e inmediatamente una florecita se desprendió y cayó al suelo.

—¡Adiós! —susurraron las otras florecillas.

—¿Quiénes son, Mami? —preguntó Cipi.

Y la mamá:

—Son los copos blancos que Bola de Fuego[1] irá transformando poquito a poco en bolitas rojas y exquisitas.

1 Bola de Fuego: se refiere al sol.

De pronto se oyó una música ligera que vibraba por toda la planta.

—Mami, y esto, ¿qué es?

—Las abejas. Cantan canciones a las florecitas. Durante estos días es su fiesta —respondió sonriendo la mamá.

Se quedaron un rato callados escuchando el canto de los insectos y después Mami dijo:

—¡Vamos! —y levantó el vuelo hacia la cinta de plata[2] que relucía en medio del verde reflejando el cielo como un espejo.

2 cinta de plata: el río.

Era una fiesta de colores y Cipi volaba mirando encantado hacia abajo y decía:

—¡Qué bonito, Mami! ¡Mira allí, mira allá!

Cuando se encontró encima del río gritó:

—Mami, allí abajo hay otro como yo, ¿quién es, Mami? ¿Quién es?

—¡Abajo! —ordenó la mamá lanzándose en picado— vamos a ver.

En un abrir y cerrar de ojos Cipi adelantó a todos.

—¡También vuela como yo! —gritaba mientras se lanzaba—. Mami, ¡viene hacia mí!

De repente, cuando le parecía que podía tocarlo, ¡pataplum! la plata se hizo añicos, el pajarito desapareció y Cipi se encontró con el agua hasta el cuello.

Saltó fuera de un brinco y, mojado como un pollito, consiguió llegar a la orilla donde se sacudió el agua y se peinó. Mamá gorriona, que se había detenido a tiempo junto con los hermanos, se le acercó y dijo riendo:

—Un baño siempre sienta bien, ahora también se lo darán tus hermanitos conmigo.

Y ordenó:

—¡Adentro vosotros también!

Mario Lodi, *Cipi.* Ed. Alfaguara.

Actividades

INVESTIGA LA LECTURA. DESCUBRE SUS SECRETOS

1 Acabamos de presenciar el primer vuelo de unos gorriones. ¿Qué hizo Cipi nada más llegar?

a) Se quedó quietecito, al lado del palacio, donde había nacido.

b) Voló a lo alto del árbol y, desde allí, empezó a explorar el mundo.

c) Pensó que lo de volar no era para él, porque se ponía muy nervioso.

2 En el gran árbol, donde fueron la mamá y los gorriones, pasaron muchas cosas. ¿Quién transformaría los copos blancos en bolitas rojas y exquisitas?

a) El invierno. Porque los copos blancos se ven cuando nieva.

b) Una jardinera estupenda, que transformaba todo en bolitas riquísimas.

c) Los transformaría Bola de Fuego, que es el sol. Con el sol, las flores se transforman en frutos.

3 Volando por encima del río, Cipi se encontró con una sorpresa. ¿Cuál fue?

a) Se encontró con su imagen, mirando abajo, que vio reflejada en el río.

b) Se encontró con otro Cipi, que era un pez que vivía en el río y se llamaba como él.

c) Se encontró con un pollito, que volaba más alto que él.

LA CINTA DE PLATA RELUCÍA EN MEDIO DEL VERDE

4 En nuestra lengua, hay palabras, expresiones y frases que no significan exactamente lo que entendemos. Hemos visto que Bola de Fuego no es que hubiera una bola con llamas, encima del árbol. Se refiere al sol. En tu cuaderno, une correctamente las expresiones con su significado.

- Bola de Fuego
- cinta de plata
- en un abrir y cerrar de ojos

- muy rápidamente
- el sol
- el río

TIENES UN CORREO

5 El texto que has leído pertenece a una novela que se llama *Cipi.* Una **novela** es una obra literaria escrita en prosa, donde se narra una historia que tiene un principio y un fin.

▶▶Busca, busca y encontrarás. Con este mensaje, lo lograrás.

16

CARTA

Cartas de la ardilla y del oso

Apreciada ardilla:

Habrá una tarta grande en la fiesta de tu cumpleaños, ¿verdad?

¿Crees que por una vez podría comérmela yo solito?

Mi tarta preferida es la de miel.

Todo el mundo me podrá mirar.

Me la comeré con tanta gracia y tanta gula[1] como no se ha visto nunca.

Todo el mundo aplaudirá y gritará de alegría, te lo prometo.

Y después la fiesta podrá continuar con normalidad (felicitarse, desenvolver los regalos, bailar, despedirse, decir que lo hemos pasado fantástico, preguntar a quién le toca el próximo cumpleaños, etc.).

Solo es un deseo, ardilla.

El oso

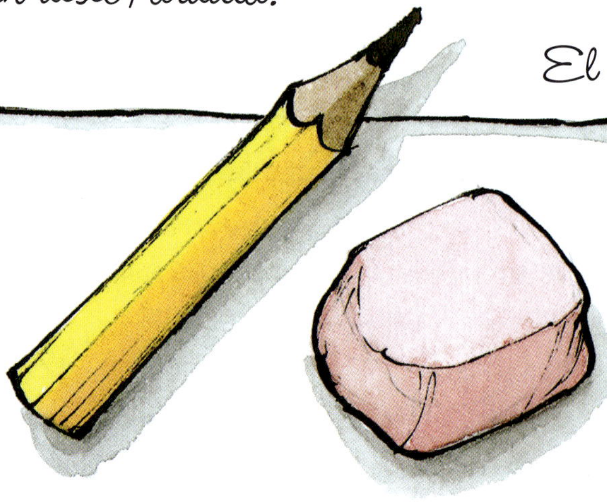

1 gula: comer demasiado.

Apreciado oso:

Estoy de acuerdo. Pero haré dos tartas.

La ardilla

Apreciada ardilla:

Gracias por tu carta. Pero una vez que me ponga a comer y todo el mundo aplauda y grite de alegría, ¿me perdonarás si, ya que estoy en ello, me como también la otra tarta?

Todo el mundo dará botes de admiración, estoy seguro. Y sin dejar de croar, ni de cantar, ni de silbar...

Será un cumpleaños inolvidable de verdad. Y si haces tres tartas, ¡mejor que mejor! Estoy segurísimo, ardilla, tres tartas grandes.

Y si son de miel, cuatro.

El oso

Toon Tellegen, Axel Sheffler, *Cartas de la ardilla, de la hormiga, del elefante, del oso...* Ed. Destino.

Actividades

INVESTIGA LA LECTURA. DESCUBRE SUS SECRETOS

1 Está claro que leer libros es fantástico. Nos permite hasta imaginarnos un cumpleaños de animales. Pero ¿de quién es el cumpleaños?

a) El cumpleaños es del oso, que es quien prepara todo.

b) El cumpleaños es de un animal, que pasaba por allí y se apunta al cumple del oso.

c) El cumpleaños es de la ardilla, que invita al oso.

2 El oso tiene bastante cara dura. Dice que la rana, el pájaro y todos se pondrán muy contentos de verlo comer. ¿Qué le pide a la ardilla?

a) Que haga otra cosa, que no sean solo tartas, para que coman todos.

b) Le pide que haga tres tartas grandes en vez de dos.

c) Le pide también bocadillos de mortadela, que le gustan mucho.

3 Será mejor que al próximo "cumple" no invitemos al oso. Es un carota y tiene mucho "morro". ¿Por qué pide ahora otra más, y ya van cuatro?

a) Porque a los animales les gustan los números pares.

b) Porque así comía para todo el año y le salía muy barato.

c) Porque a los osos, una de las cosas que más les gusta es la miel.

MENÚ DE "CUMPLE"

4 Hoy te toca preparar un menú de cumpleaños. Puede venir la ardilla, un perro, un gato, una tortuga... ¡Pero que no esté el oso!

Rellena este menú, decóralo con un dibujo y con colores y lo pones en un papel bonito, para cuando vengan los invitados.

Para el principio

(...)

Golosinas (pueden ser sin azúcar)

(...)

Zumos para beber

(...)

Sándwiches

(...)

Tarta de cumpleaños

(...)

TIENES UN CORREO

5 La **carta** es una forma de comunicarse, por escrito, con las personas que no tenemos cerca. Suele llevar un saludo, al principio, y una despedida, al final. Podemos usar el **correo postal** y el **correo electrónico**, si utilizamos el ordenador.

▶▶ Busca, busca y encontrarás. Con este mensaje, lo lograrás.

17

NOVELA

El jardín

Sapo estaba trabajando en su jardín.

Sepo pasó por allí.

—¡Qué jardín tan bonito tienes, Sapo! —dijo.

—Sí —contestó Sapo—. Es muy bonito, pero da mucho trabajo.

—Me gustaría tener un jardín —dijo Sepo.

—Toma, aquí tienes unas semillas —dijo Sapo—. Siémbralas en la tierra, y enseguida tendrás un jardín con flores.

—¿Cuándo es enseguida? —preguntó Sepo.

—Muy pronto —le contestó Sapo.

Sepo se fue deprisa a su casa. Sembró las semillas.

—Ahora, semillas —dijo Sepo—, ya podéis empezar a crecer.

Paseó de un lado a otro varias veces.

Las semillas no crecían.

Sepo se agachó, puso su cabeza cerca de la tierra y gritó bien fuerte:

—¡Semillas, empezad a crecer!

Sepo volvió a mirar la tierra. Las semillas no crecían.

Sepo pegó la cabeza a la tierra y gritó con todas sus fuerzas:

—¡Eh, semillas, que os he dicho que empecéis a crecer!

Sapo se acercó corriendo por el camino.

—¿Por qué gritas tanto?— preguntó.

—Las semillas no crecen —explicó Sepo.

—Gritas demasiado —dijo Sapo—. Esas pobres semillas están asustadas y les da miedo crecer.

—¿A mis semillas les da miedo crecer? —preguntó Sepo.

—Pues claro que sí —dijo Sapo—. Déjalas tranquilas durante unos pocos días. Espera a que les dé el sol y a que les caiga la lluvia y enseguida tus semillas empezarán a crecer.

Aquella noche, Sepo miró por la ventana.

—¡Qué rabia! —dijo Sepo—. Mis semillas no han empezado a crecer todavía. Seguramente les da miedo la oscuridad.

Sepo salió al jardín con algunas velas.

—Les leeré un cuento a las semillas —dijo Sepo—. Así no tendrán miedo.

Sepo les leyó a sus semillas un cuento bastante largo.

Durante todo el día siguiente Sepo les cantó canciones a sus semillas.

Y durante el otro día después del siguiente, Sepo leyó poesías a sus semillas.

Y durante el día que siguió al otro después del siguiente, Sepo estuvo tocando música para sus semillas.

Sepo miró la tierra. Las semillas no habían empezado a crecer todavía.

—¿Qué más puedo hacer? —se preguntó Sepo—. ¡Estas deben ser las semillas más miedosas del mundo entero!

Y entonces, Sepo se sintió cansadísimo y se quedó dormido.

—¡Sepo, Sepo, despierta! —le llamó Sapo—. ¡Mira tu jardín!

De la tierra brotaban plantitas verdes.

—¡Por fin mis semillas han perdido el miedo a crecer! —exclamó Sepo.

—Ahora tú también tendrás un jardín bonito —dijo Sapo.

—Sí —dijo Sepo—, pero tú tenías razón, Sapo. Un jardín da muchísimo trabajo.

Arnold Lobel, *Sapo y Sepo, inseparables.* Ed. Alfaguara.

Actividades

INVESTIGA LA LECTURA. DESCUBRE SUS SECRETOS

1 Cuando Sepo pasó junto al jardín de Sapo, pensó que sería muy bonito tener un jardín. ¿Qué hizo Sapo entonces?

a) Le dijo que él ya tenía uno. Le bastaba con mirar el suyo.

b) Le dijo que él no tenía ni idea de jardines y nunca podría tener uno.

c) Le regaló unas semillas, para que las plantara en la tierra. Así tendría un jardín con flores.

2 Sapo hizo todo lo que pudo: les habló, les cantó, les leyó cuentos... Pero no consiguió que las semillas crecieran. ¿Qué le dijo Sapo que tenía que hacer?

a) Le dijo que pusiera flores de plástico, que es más fácil.

b) Le dijo que tenía que esperar a que el sol saliera y la lluvia las mojara.

c) Le dijo que las semillas preferían el nombre de Sapo al de Sepo.

3 Menos mal que, al final, de la tierra brotaron plantitas verdes. ¿De qué se dio cuenta Sepo?

a) De que las semillas que le regaló Sapo eran malísimas.

b) Se dio cuenta de que Sapo tenía razón. Un jardín da mucho trabajo.

c) Se dio cuenta de que lo peor para las semillas es la noche, porque son muy miedosas.

SEMILLAS, ¡EMPEZAD A CRECER!

4 Los signos de admiración los usamos cuando queremos expresar alegría, sorpresa, indignación... Los representamos así: ¡ !

De las siguientes frases, escribe en tu cuaderno dónde pondrías signos de admiración.

- En la maceta de casa, planté unas judías. Y han nacido.
- Al lado de casa de Gildo hay un árbol enorme. Es un arbolazo.
- Las rosas son de diferentes colores: rojo, blanco, amarillo…

TIENES UN CORREO

5 El autor del libro *Sapo y Sepo, inseparables* fue un maravilloso escritor americano: **Arnold Lobel.** También ilustró muchos libros. Si puedes, no te pierdas tampoco su libro *Historias de ratones.* Los dos han sido publicados por la editorial Alfaguara.

▸▸Busca, busca y encontrarás. Con este mensaje, lo lograrás.

18

POESÍA

Canción

Sopla, sopla el viento norte,
esta noche va a nevar.

¿Qué va a hacer el jilguero?
El jilguerito, ¿qué hará?

Se sentará en el granero[1]
y allí se calentará.

En el manto de las alas
su cabeza esconderá.

¡Pobrecito jilguerito!
¡Vuela, que te vas a helar!

Anónimo.

1 granero: lugar donde se almacena el grano.

Actividades

INVESTIGA LA LECTURA. DESCUBRE SUS SECRETOS

1 Llega el invierno. El crudo invierno. La naturaleza y sus habitantes se protegen. ¿Qué hará el jilguerito en este tiempo?

a) El jilguero encontrará el mejor sitio para ver la nieve.

b) Se quedará donde está, porque está cansado.

c) Se irá al granero para calentarse.

2 El propio cuerpo de los animales les vale para protegerse. Pensemos en el oso polar y su pelo. ¿Con qué se protege del frío el jilguerito?

a) Con la cola. La echaba hacia delante y le servía de abrigo moderno.

b) Con las plumas que tenía en las alas. Con ellas se tapaba la cabeza.

c) Comiendo muchos granos del granero, para ponerse muy gordo.

3 ¿Por qué tenía que volar el jilguerito?

a) Porque si se quedaba quieto, se convertiría en un pájaro helado.

b) Porque la gente, al verlo, haría un pájaro de nieve, en vez de un muñeco de nieve.

c) Porque con el frío se le iba a olvidar cómo se vuela.

EL JILGUERITO, ¿QUÉ HARÁ?

4 Si consultas el diccionario, no encontrarás la palabra jilguerito. Encontrarás jilguero. Jilguerito es un **diminutivo** de jilguero, que acaba en -ito. Los diminutivos indican menor tamaño, afecto, cariño... Pueden acabar en -ito/-ita, -ico/-ica, -illo/-illa, -uelo/-uela.

- Escribe en tu cuaderno los diminutivos que acaben en –ito/-ita de las siguientes palabras:

amiga	página	león	taza	canción

TIENES UN CORREO

5 Has leído que, al final de la lectura, pone la palabra **anónimo.** Eso quiere decir que la poesía *Canción* no tiene un autor o una autora conocidos. Cuando no sabemos el nombre de quien ha escrito un texto, decimos que es anónimo.

►► Busca, busca y encontrarás. Con este mensaje, lo lograrás.

¿Qué sucederá? En la lectura lo encontrarás

19 ¿Sabes aquel que dice...?

Los cuatro buscadores se fueron al parque juntos. La idea se le ocurrió a MONTI y todos estuvieron de acuerdo. Habían buscado mucho. Y se habían reído más.

En la rueda de la risa, estaban los cuatro: HERMI, LULA, MONTI y MIRLO. Empezó HERMI por el del erizo. Luego siguieron el de tan, tan, el del colmo de una azafata y todos los que habían leído. A partir de esos, empezaron a contar otros, que los habían oído a amigas, a amigos y a gente muy graciosa que conocían en sus barrios.

20 El príncipe feliz

Cuando MIRLO leyó *El príncipe feliz*, pensó en su parque. También llegaban golondrinas y tenía una estatua. Pero no era de un príncipe.

Vio una golondrina y fue detrás de ella. ¿Sería como la del príncipe? ¿Iría ayudando a la gente? Solo quería saber el final de la historia. A lo mejor, en la estatua de su parque también hay cosas maravillosas y las golondrinas se las llevan a la gente que lo necesita.

A MIRLO se le cayeron dos lágrimas. ¿Cómo acabarían el príncipe y la golondrina? ¿Estarían juntos alguna vez? ¿Dónde se encontrarían?

21 Tan, tan

HERMI los vio, cuando pasaban. MONTI saltaba. Hacía frío y le venía muy bien saltar y buscar. LULA rozaba, en su vuelo cercano, a los camellos. MIRLO miró hacia arriba y pensó. El cielo no es igual. Esa estrella grande y blanca no estaba. Se mueve, se mueve.

Los cuatro buscadores, cada uno en un sitio diferente de la ciudad, miraron aquel día. Era distinto. Todo el mundo caminaba contento. Seguían a los reyes y cantaban. ¿Adónde iban los tres reyes? ¿Qué llevaban los camellos? ¿Adónde los guiará la estrella?

22 Un regalo para el pájaro

MIRLO sabía muy bien lo que era un pardillo. Ese pájaro que no es ni bonito ni canta maravillosamente ni nada. Pero es un pájaro y, al tío Popoff, a pesar del frío terrible, le hacía feliz llevárselo a casa. ¡Cuánto lo cuidó! ¡Cuánto lo ayudó el tío Popoff! Tanto lo quiso que, al final, cuando el calor del fuego se apagó, el pardillo consiguió el más hermoso de los regalos. ¿Qué le dio, para siempre, al pardillo, el tío Popoff? MIRLO sabía que era el mejor regalo que un pájaro puede tener.

23 ¿Por qué lloraba el cerdo?

LULA movía sus alas y moscas y mosquitos sufrían una ilusión óptica. Pensaban que estaba quieta y no. Estaba en movimiento.

En sus vuelos vio algo increíble: un cerdo llorando. Sí, llorando con muchísima pena. Pero ¿qué le sucedía al cerdo allí, en su casa, en la granja? Parece ser que la pena tenía que ver con su propio nombre: cerdo. Habló con el burro para consolarse y la cosa fue todavía peor. ¿Qué le diría el burro?

24 Madre, notabre

MONTI se puso contentísimo. Cuando leyó la lectura de *Madre, notabre, sipilitabre*, pensó que alguien se había equivocado de cabo a rabo, sipilitrabo. Y no. Es que se trataba de un trabalenguas. Lo difícil es leerlo sin equivocarse. Monti lo leyó cuatro veces. Y cuando se lo contó a la pandilla, se volvió a equivocar. Pero por lo que se puso muy contento fue por lo que le pasó a la *liebre, tiebre, notiebre, sipilitiebre*.

¿Por qué consiguió la *liebre, tiebre, notiebre, sipilitiebre* volver a su maravilloso campo *blanco, tranco, sipilitranco*? Por eso se puso tan contento MONTI, aunque se hubiera *trabucado, ado, sipilitrado*.

19

CHISTES

¿Sabes aquel que dice...?

Una niña le dice a su madre:

—Mamá, ¡qué buena está la comida!

—Pues repite, hija, repite.

—Mamá, ¡qué buena está la comida!

En clase, el profesor le pregunta a Jaimito:

—¿Qué me puedes decir de la muerte de Napoleón?

—Que lo siento mucho, profesor.

Va un ericito caminando por el desierto, ve un cactus y exclama:

—¡Mamááá!

Era un señor tan bajito, tan bajito que para bajar de la acera saltaba en paracaídas.

Una niña le dice a su amigo:

—He soñado que ganaba 200 millones, como mi padre.

—¿Tu padre gana 200 millones?

—No. También lo sueña.

Va un señor al médico y le dice:

—Doctor, todos me ignoran.

Y el doctor contesta:

—El siguiente.

¿Cuál es el colmo de una azafata?

Enamorarse del piloto automático.

¿Cuál es el colmo de un libro?

Que en otoño se le caigan las hojas.

¿Cuál es el colmo de una aspiradora?

Ser alérgica al polvo.

Esto era un perro que tenía una pata de goma, se fue a rascar y se borró.

Era una señora tan alta, tan alta, tan alta que tropezó el jueves y se cayó el domingo.

¿Por qué los elefantes no usan ordenador?
Porque les da miedo el ratón.

¿Qué le dice un semáforo a otro?
—No me mires, que me estoy cambiando.

Popular.

Actividades

INVESTIGA LA LECTURA. DESCUBRE SUS SECRETOS

1 Hoy vamos a acercarnos a la lectura de otra manera.

Empezaremos recomendándoos que tengáis cerca un pañuelo, por si lloramos (de risa, claro).

Cuando estéis dispuestas y dispuestos, comenzará.

EL GRAN CONCURSO DE CHISTES DE TERCERO

¡Atención!, porque el jurado es muy exigente. No valen ni palabrotas ni meterse con los demás.

Toda la clase será el durísimo tribunal, como especialistas que seguro sois en provocar carcajadas. En la pizarra, tenéis que votar:

- El chiste más gracioso.
- El chiste mejor contado.
- El chiste más original.

Podéis fabricar, con papel o tela, una banda, como la que se usa cuando se gana en una competición deportiva, que ponga.

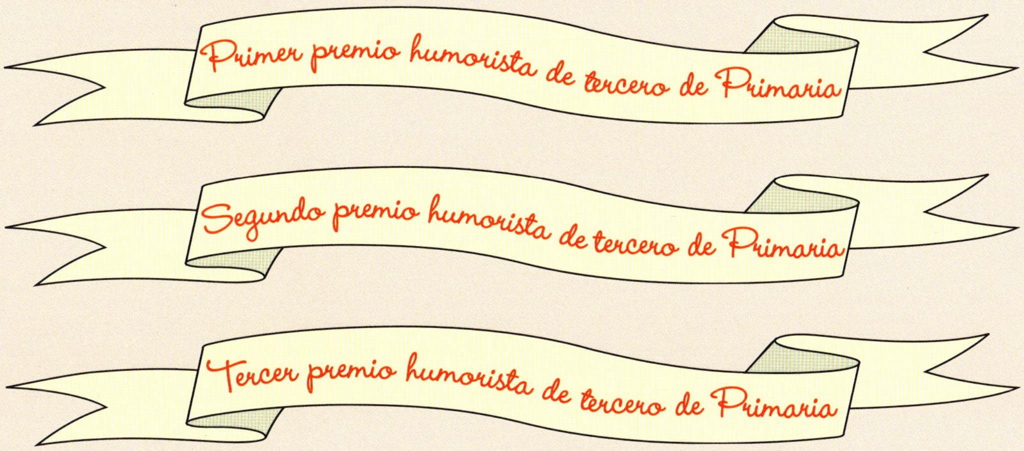

TIENES UN CORREO

2 Un **chiste,** como los que habéis contado, es una pequeña historia, hablada o escrita, con la intención de hacer reír a quien lo oye o lo lee.

Los chistes pueden ir ilustrados y, a veces, un chiste es solo un dibujo, sin palabras.

▸▸ Busca, busca y encontrarás. Con este mensaje, lo lograrás.

20

CUENTO

El príncipe feliz

La cuidad era grande y hermosa. Y en medio de ella, en la plaza principal, había una estatua bellísima. Representaba a un príncipe, al que todos conocían como el príncipe feliz. Y era tan lujosa que todo su cuerpo estaba cubierto de oro, sus ojos eran zafiros[1] y en la empuñadura de su espada lucía un brillante rubí[2].

En aquel otoño, una golondrina que emigraba al sur y que había perdido su bandada llegó a la ciudad. Y buscando un lugar en el que refugiarse, descubrió la estatua del príncipe. Allí se acurrucó para dormir y, cuando casi lo había conseguido, sintió que una gota cayó sobre su cabeza.

1 zafiro: piedra preciosa de color azul.

2 rubí: piedra preciosa de color rojo.

—¡Qué raro! —pensó—. Está lloviendo y, sin embargo, puedo ver la luna y las estrellas.

Así que levantó la cabeza y entonces fue cuando vio que aquellas gotas eran lágrimas. Y que las lágrimas caían de los ojos de la estatua. Al preguntarle por qué lloraba, el príncipe contestó:

—Lloro por la gente que sufre. Antes, cuando, cómodo y feliz, habitaba en mi palacio, pensaba que todo el mundo vivía como yo. Pero ahora, desde aquí arriba, puedo ver la vida de las gentes. Y sé que muchas de ellas son muy desgraciadas.

Luego, señalando a una casa lejana, dijo:

—Mira, allí vive una mujer que tiene una hija muy enferma. Apenas tiene dinero para comprar las medicinas que son necesarias. Y eso que pasa todo el día y toda la noche cosiendo y bordando. Pobrecilla. Está tan cansada que se ha quedado dormida. ¿Querrías hacerme un favor? Llévale el rubí de la empuñadura de mi espada. Así podrá comprar el remedio para su hija.

La golondrina le obedeció y, volando, entró por la chimenea de la casa y dejó la piedra preciosa entre las manos de la mujer.

Al día siguiente, el príncipe le pidió a la golondrina que fuera a casa de un escritor que, muerto de hambre y frío, se había desmayado sobre su mesa de trabajo.

—Llévale uno de los zafiros de mis ojos —pidió el príncipe.

Eso no puedo hacerlo —replicó la golondrina, llena de pena.

Pero el príncipe insistió y la golondrina, con mucho cuidado tomó el zafiro.

Pasaron días y días. Y en cada uno de ellos la golondrina fue cumpliendo los favores que el príncipe le pedía. Hasta que la estatua se transformó en algo muy distinto: ya no tenía piedras preciosas en sus ojos, ya no le quedaba ni una de las hojas de oro que cubrían su cuerpo, ya no relucía su espada. Por eso, cuando, entrado el invierno, el alcalde y un grupo de concejales[3] pasaron ante la figura, todos dijeron:

—Vaya birria de estatua. Más valdría quitarla de ahí y mandar que fundieran[4] el plomo de su cuerpo.

3 concejal: persona que tiene un cargo en el ayuntamiento.

4 fundir: hacer líquido un metal mediante calor.

El príncipe lo oyó todo. También la golondrina. Pero ninguno dijo nada. Se acurrucaron uno al lado del otro y allí quedaron inmóviles.

Al cabo de una semana, pasaron a retirar la estatua. Y al ver, a sus pies, una golondrina muerta, la arrojaron al basurero. Luego metieron en el horno la figura. Y todo se fundió: todo, menos un corazón de plomo que salió de su interior. Y como no servía para nada, lo arrojaron al basurero, junto al cuerpo de la golondrina.

Cuentan que, desde entonces, en las noches de luna clara se veía pasear por el cielo una imagen, como la de la escultura, seguida por una golondrina, que se posaba siempre en su pecho, junto a su corazón.

Oscar Wilde, *El príncipe feliz y otros cuentos (adaptación).* Ed. Anaya.

Actividades

INVESTIGA LA LECTURA. DESCUBRE SUS SECRETOS

1 ¿Cómo descubrió la golondrina la estatua del príncipe?

a) Porque había perdido a la bandada que la acompañaba. Vio la estatua y pensó que allí podría refugiarse.

b) Porque las golondrinas sirven para descubrir oro y piedras preciosas.

c) Porque las golondrinas son los pájaros más aficionados a las estatuas.

2 La golondrina notó como si lloviera, pero no había nubes. Eran lágrimas del príncipe. ¿Por qué lloraba?

a) Porque a él lo que le gustaba era vivir en un palacio y ser muy rico.

b) Porque ahora, veía a la gente tal cual es. A los que sufren, también. Antes, en su palacio, no se daba cuenta de nada.

c) Porque él quería ser un pájaro, como la golondrina y no una estatua.

3 El príncipe regaló todo lo que tenía, porque la golondrina lo ayudó. No le quedó nada y la golondrina murió. Pero ¿cómo acabaron, al final?

a) Acabaron juntos y ya eran muy ricos. El príncipe tenía otro palacio.

b) Fueron tan felices que se ve su imagen juntos, en las noches de luna.

c) Al pasar los años, del príncipe y la golondrina nunca más se supo.

UNA ESTATUA BELLÍSIMA

4 Las palabras *feliz* y *bellísima* son **adjetivos.** El adjetivo es la palabra con que expresamos las cualidades del nombre. Acompaña al nombre y tiene el mismo género (masculino o femenino) y número (singular o plural) que el nombre al que acompaña.

- Escribe, en tu cuaderno, cuáles de estas palabras son adjetivos.

(Una pista: si las palabras que has elegido suman 12, ¡enhorabuena! Has superado muy bien la prueba).

1	feliz	2	príncipe	3	golondrina
4	zafiro	5	lujosa	6	preciosa

TIENES UN CORREO

5 Ya has visto que detrás del nombre del autor, Oscar Wilde, pone la palabra adaptación. Algunas veces, las obras literarias se transforman o modifican. Cuando esto ocurre, decimos que es una **adaptación.**

▶▶ **Busca, busca y encontrarás. Con este mensaje, lo lograrás.**

21

VILLANCICO

Tan, tan

Tan, tan
van por el desierto,
tan, tan,
Melchor y Gaspar;
tan, tan,
les sigue el Rey negro
que todos le llaman
el Rey Baltasar.

Tan, tan,
vieron una estrella,
tan, tan,
la vieron brillar,
tan, tan,
tan pura y tan bella
que todos la siguen
a ver dónde va.

Tan, tan,
se cansa el camello,
tan, tan,
se cansa de andar,
tan, tan,
que va cargadito
de incienso[1] y de mirra[2],
¿para quién serán?

Popular.

1 incienso: sustancia aromática que, cuando se quema, huele muy bien.

2 mirra: resina aromática de gran valor, empleada en perfumería.

Actividades

INVESTIGA LA LECTURA. DESCUBRE SUS SECRETOS

1 No estamos acostumbrados a oír ni a leer que un rey vaya por el desierto. ¿Cuántas personas, cuyos nombres conozcamos, iban por el desierto en esta lectura?

a) Iban muchas personas, pero no sabemos cómo se llamaban.

b) De los que conozcamos sus nombres, iban tres personas: Melchor, Gaspar y Baltasar.

c) Por el desierto no iba nadie, porque hacía muchísimo calor.

2 En el desierto es muy difícil, si no se conoce, saber por dónde se va. Pero ellos sí lo sabían. ¿Qué les marcaba el camino?

a) Se lo indicaron los habitantes del desierto, que eran amigos.

b) Se lo sabían, porque ya habían ido antes.

c) Se lo indicó una estrella y ellos la siguieron, para ver adónde iba.

3 Ya has leído que los camellos estaban cansados, porque iban cargados de incienso y mirra, sustancias que huelen muy bien. Pero ¿para quién serían el incienso y la mirra?

a) Eran para unos parientes que tenía el rey Baltasar, en el desierto.

b) Lo usaban los tres que iban en camello, para oler muy bien.

c) Se lo llevaban como obsequio al Niño que había nacido.

MELCHOR, GASPAR Y BALTASAR

4 Los tres nombres son nombres **propios.** Un nombre propio se refiere a un solo ser y lo distingue de los demás de su clase o especie. Los nombres propios se escriben siempre con la primera letra mayúscula.

- Rellena en tu cuaderno, con mayúscula, los nombres que sean propios.

__altasar (b/B)	__abriela (G/g)	__illón (S/s)
__rbol (á/Á)	__entana (v/V)	__icente (v/V)

TIENES UN CORREO

5 Ya llega la Navidad. Ya llegan los **villancicos.** Son composiciones poéticas, poesías o poemas, que se cantan en esta época del año. La mayoría son populares. Forman parte de nuestra tradición. No tienen autora o autor conocidos, pero todos nos los sabemos.

▸▸ Busca, busca y encontrarás. Con este mensaje, lo lograrás.

22

NOVELA

Un regalo para el pájaro

Pronto el invierno se echó sobre el país, y la nieve lo cubrió todo. Fue precisamente en Nochebuena cuando el tío Popoff fue al mercado de pájaros y compró uno, un pardillo.

Ese día el tío Popoff estaba solo. Y como precisamente era día de mercado en la aldea, se calzó sus guantes, se puso la gorra y emprendió el camino. Por los campos, atravesando la nieve, a la aldea y al mercado.

Todos los años estaba en el mismo sitio un vendedor de pájaros.

El tío Popoff estuvo bastante tiempo parado delante de las jaulas, mirando. Miraba los pájaros a la cara, porque por los ojos podía distinguir qué pájaro quería comprar.

—¡Ese de ahí! ¿Qué le pasa? —preguntó al pajarero. En una pequeña jaula en el suelo estaba un pájaro gris que daba lástima. Miraba al suelo y no se movía. Como muerto.

—No es más que un pardillo —dijo el pajarero—, un pájaro vulgar, no canta, no pía, no se mueve del sitio. No cuesta mucho. Uno cincuenta con la jaula, pero, y esto lo digo expresamente, sin garantía.

—Jaula ya tengo —dijo el tío Popoff—, sin jaula, ¿qué cuesta sin jaula?

—Noventa —dijo el hombre, y el tío Popoff tampoco tenía más de noventa, que era lo que había ahorrado.

Dijo:

—Me lo llevo.

Y el hombre metió el pardillo en la pequeña jaula de madera que el tío Popoff llevaba en las manos.

—¡Sin garantía! —gritó el hombre detrás—, ¡ya lo he dicho!

El tío Popoff metió la jaula debajo de la chaqueta para que el pájaro no pasara frío y se marchó a casa.

De vez en cuando se paraba, soplaba aire caliente a la jaula, cogía un par de pipas de girasol del bolsillo de la chaqueta, las mordía y se las ponía al pájaro.

En casa encendió el fuego, puso el pájaro encima de la mesa, le dio comida y agua, y cuando llegó el atardecer, los dos estaban sentados a la ventana escuchando si ya se oían campanadas por el campo.

Pronto el pájaro se había calentado, daba saltitos y cantaba un poco.

La noche se volvió cada vez más profunda, y empezó a nevar. Se hizo el silencio en la habitación, y el fuego se apagó.

Entonces el tío Popoff tomó la jaula, la llevó afuera, abrió la puerta de la jaula y regaló de nuevo al pájaro a su bosque.

Esa noche el tío Popoff soñó con un tañer[1] de campanas que había volado al cielo y se convirtió en una estrella.

1 tañer: tocar las campanas.

Janosch, *El tío Popoff vuela a los árboles*. Ed. Espasa-Calpe.

Actividades

INVESTIGA LA LECTURA. DESCUBRE SUS SECRETOS

1 El tío Popoff estaba solo y se fue al mercado, en Nochebuena. ¿Por qué se fue a aquel sitio, precisamente, del mercado de pájaros?

a) Porque era el que estaba más cerca de su casa.

b) Porque era donde estaban los pájaros más caros.

c) Porque aquel vendedor de pájaros estaba todos los años en el mismo sitio.

2 El tío Popoff compró el pájaro sin jaula, porque no tenía dinero para todo. Pero ¿por qué le dijo el vendedor, varias veces, que se lo vendía sin garantía?

a) Porque era un pájaro rarísimo y no sabía si le daría picotazos.

b) Porque era un pájaro vulgar y corriente. No cantaba, ni piaba, ni se movía.

c) Porque asustaba a todos los demás pájaros.

3 Aquella noche, el tío Popoff le dio al pájaro todo lo que pudo, para que estuviera mejor. Y lo puso en la ventana, para que consiguiera lo más maravilloso. ¿Qué era?

a) Una jaula muy grande.

b) Le dejó que viera la nieve, porque le gustaba mucho.

c) Le regaló la libertad, para que volara a su bosque.

Y EL PARDILLO VOLÓ EN LIBERTAD

4 La palabra voló se escribe con uve. La palabra libertad lleva una be.

- Completa, en tu cuaderno, las siguientes palabras. Si consigues cinco con uve y tres con be, ¡enhorabuena por tu ortografía!

lleva__a (b/v)	__olsillo (b/v)	atra__esar (b/v)	li__ertad (b/v)
__endedor (b/v)	mo__er (b/v)	__ulgar (v/b)	in__ierno (v/b)

TIENES UN CORREO

5 Hoy te diremos lo que es una **bibliografía:** un conjunto de libros que tratan sobre un mismo tema.

▶▶ Busca, busca y encontrarás. Con este mensaje, lo lograrás.

¿Por qué lloraba el cerdo?

Había una vez un cerdo, con una inteligencia privilegiada, que vivía en una granja. El cerdo, como era tan listo, llegó a entender perfectamente el lenguaje de los humanos. Pero entonces se dio cuenta de algo horrible: su nombre, cerdo, tan bonito como a él le parecía, era utilizado entre ellos como un insulto.

—¡Me has mentido! ¡Eres un cerdo! —oyó una vez al granjero, hablando con un señor.

—¡Fijaos cómo estáis! —decía la granjera cuando veía a sus hijos llenos de barro—; sois unos guarros y unos marranos (que es lo mismo que decir: sois unos cerdos).

Y también decía:

—Tenéis la habitación hecha una pocilga (que es la casa de los cerdos) para decir que estaba muy desordenada.

Y claro, como el cerdo era tan listo, muy pronto se dio cuena de que para los humanos no contaba nada. Es más, solo decían su nombre cuando había algo feo, sucio o mal hecho.

Y se quedó muy triste y se echó a llorar amargamente, en su pocilga.

Pero por casualidad, justo al lado de su casa, la pocilga, vivía un burro muy alegre en la suya, la cuadra, que, cuando oyó llorar al cerdo, le preguntó:

—¿Por qué lloras, cerdito?

Y el cerdo no sabía por dónde empezar. Todo era malo y trágico. Y le contó al burro que los humanos no le querían, con lo bueno que era él para ellos. Que solo usaban su nombre cuando hablaban de guarrerías y que no sabía lo que iba a hacer.

Cuando terminó de contárselo, el burro, que había escuchado atentamente, le dijo:

—Tienes toda la razón. Lo que hacen los humanos con tu nombre es... ¡una auténtica cerdada!

(Adaptación de la fábula del mismo nombre).

Actividades

INVESTIGA LA LECTURA. DESCUBRE SUS SECRETOS

1 La historia de este cerdo es un poco triste. Habría sido mejor que no fuera tan listo. ¿De qué se dio cuenta el cerdo?

a) De que estaba un poco gordo, para su tamaño y cantaba muy mal.

b) De que los humanos utilizaban su nombre como un insulto. Solo lo decían cuando había algo feo, sucio o mal hecho.

c) De que iría mucho mejor si fuera con camisa y pantalón.

2 Como estaba muy triste, le tuvo que contar lo que le pasaba a alguien. ¿A quién se lo contó?

a) Se lo contó a otro cerdo amigo, que pasaba por allí.

b) Se lo fue a contar a un tío suyo, cerdo también, que lo quería mucho.

c) A un burro muy alegre que vivía al lado de su casa: la pocilga.

3 El burro alegre le escuchó atentamente. Y le dio la razón. Pero, en su frase final, le pasó como a los humanos. ¿Qué le dijo?

a) Le dijo que era mejor ser burro que cerdo.

b) Utilizó la misma frase que ponía triste al cerdo. Le dijo que lo que hacen los humanos es una cerdada.

c) Le dijo que se tenía que poner contento, porque siempre hablan de él.

PARA LOS HUMANOS NO CONTABA NADA

4 Gracias a los pensamientos del cerdo, hemos visto muchas palabras que tienen que ver con él. Conocemos una **familia de palabras.** Hoy dedicada al cerdo. Son palabras parecidas, que tienen que ver con una palabra. Como libro, librera, librería, librito, librazo...

- Relaciona la primera fila de palabras, con la segunda:

cerdazo	zapatería	caserío	burrada	balconada
balcón	casa	burro	zapato	cerdo

TIENES UN CORREO

5 Hoy te diremos que un **diálogo,** como el del cerdo y el burro, es un intercambio de palabras entre dos o más personas (en este caso, animales, porque es una obra literaria).

▶▶ Busca, busca y encontrarás. Con este mensaje, lo lograrás.

Madre, notabre

—Madre, notabre, sipilitabre,
¿voy al campo, blanco,
tranco, sipilitranco,
por una liebre, tiebre,
notiebre, sipilitiebre?

—Hijo, mijo, trijo, sipilitrijo,
ve al campo, blanco
tranco, sipilitranco,
por una liebre, tiebre,
notiebre, sipilitiebre.

—Madre, notabre, sipilitabre,
aquí está la liebre, tiebre,
notiebre, sipilitiebre,
que cogí en el campo, blanco,
tranco, sipilitranco.

—Hijo, mijo, trijo, sipilitrijo,
ve a la casa de la vecina,
trina, sipilitrina,
a ver si tiene una olla,
orolla, otrolla, sipilitrolla,
para guisar la liebre, tiebre,
notiebre, sipilitiebre.

—Vecina, trina, sipilitrina,
dice mi madre, notabre, sipilitabre,
si no tiene olla, orolla,
otrolla, sipilitrolla,
para guisar la liebre, tiebre,
notiebre, sipilitiebre.

—Madre, notabre, sipilitabre,
dice la vecina, trina, sipilitrina,
que no tiene olla, orolla,
otrolla, sipilitrolla,
para guisar la liebre, tiebre,
notiebre, sipilitiebre.

—Pues hijo, trijo, sipilitrijo,
toma la liebre, tiebre,
notiebre, sipilitiebre,
y llévala al campo, blanco,
tranco, sipilitranco.

Popular.

Actividades

INVESTIGA LA LECTURA. DESCUBRE SUS SECRETOS

1 Hoy vamos a realizar unas pruebas diferentes. Tienen que ver con la lectura del trabalenguas *Madre, notabre* y la velocidad. Sí, ¡la velocidad! (de lectura, naturalmente).

- Como en cualquier prueba de carreras, necesitamos un cronómetro o un reloj grande, que se vea bien.
- Organizamos la clase en cuatro o cinco equipos, los que diga tu profesora o tu profesor.
- En cada equipo, que elegiréis vosotras y vosotros, habrá el mismo número de participantes.
- Podéis elegir, como representante de cada equipo, a quien sepáis que lee muy deprisa ¡sin equivocarse!
- Cuando tengáis elegidos los participantes, hacéis, sin hablar muy alto, para no despistar al resto de contrincantes, unos ensayos.
- Si estáis listos, levantáis la mano, para que lo sepa la profesora o el profesor, árbitro de la prueba.
- Cada representante de equipo sale a la pista.
- Espera la bajada de bandera del árbitro, que, en ese momento, pondrá en marcha el cronómetro y... ¡Adelante!
- Al terminar la lectura del trabalenguas, se para el cronómetro. Comprobamos el tiempo y lo apuntamos en la pizarra.
- Gana el equipo que menos tiempo haya utilizado pero ¡sin equivocarse!
- Mucha suerte a todas y a todos, porque va a empezar la prueba del trabalenguas.

¡PREPARADOS, LISTOS, YA!

TIENES UN CORREO

2 Lo que has leído, con esa dificultad que tiene, se llama **trabalenguas.**

Sirve para leerlo en voz alta y pasar un buen rato, comprobando qué tal lo hacen los participantes. Por eso se llama trabalenguas, porque es difícil y solemos equivocarnos cuando lo leemos o lo decimos.

▸▸ Busca, busca y encontrarás. Con este mensaje, lo lograrás.

¿Qué sucederá? En la lectura lo encontrarás

—25 El terremoto

Ante un título como el que leyeron de esta lectura, los cuatro se agarraron. Era terrible pensar en un terremoto. MONTI, HERMI, LULA y MIRLO estaban tan juntos que parecían una piña. Pero no eran piñones. Era una pandilla de buscadores temblando, que quería saber lo que le había pasado a la señorita Laburnum, la bibliotecaria. ¿Qué fue de la biblioteca? ¿Qué sucedió con Bienvenido Bienhechor, el bandido jefe y toda su banda? ¿Conseguirían, entre todos, salvar algo del terremoto?

Lo que ninguno de los cuatro podía imaginar es el final de esta historia.

—26 Curiosidades

MIRLO sabía lo que eran las *basuras volantes*. Incluso él, que va mucho más despacio que un cohete, a veces tenía que piar, cuando oía: "*Fiuuu*".

—Ese casi me da —decía.

Las abejas trabajan como locas —comentó LULA—. Las conozco muy bien. No paran ni un momento. Si hubiera que pagar con dinero, la miel valdría más que el oro, por el trabajo que da.

Pues para trabajo —dijo MONTI— el de ese escarabajo de Namibia, en África. Ya leeréis lo que cuesta tomar una gota de agua.

—27 Nana de la tortuga

LULA lo vio de lejos. Como casi todo. Ella pasaba y miraba. Sus ojos no paraban. Como sus alas. Allí estaba ese avioncito, que parecía LULA. Donde menos se la esperaba.

Y también el niño. Y alguien más.

Los dos miraban cómo nadaba. Iba despacio, lenta, sola.

¿Quién se comió la lechuga? ¿Quién se comió el perejil?

LULA buscaba. Y ¿quién nadaba?

28 El perro del vecino

Si contara MONTI los saltos que había dado para entrar en los jardines, seguro que perdía la cuenta. Lo que pasa es que, igual que en la lectura de *El perro del vecino*, a veces daba mucho miedo.

El dueño de aquella casa quería que el perro pareciera el más fiero, pero sucedió algo con un niño. A partir de un día, el truco que tenía el dueño para dar miedo dejó de funcionar. ¿Qué pudo suceder? ¿Qué tenían que ver el perro y el chico en ese cambio que se había producido?

29 El gnomo Jeromo

HERMI había visto castores. En sus búsquedas, cerca del río, los había observado a ellos y sus casas. Pero lo que nunca vio fueron gnomos. Y eso que había pasado mil veces por las setas, que es donde parece que vivía Jeromo.

Castorín, el castor pequeño, no paraba de pedir al gnomo Jeromo. Y ya estaba un poco harto de darle cosas. Por eso, le quiso jugar una mala pasada. Pero aquella jugarreta le salió mal al gnomo Jeromo. Mejor dicho, muy mal. No te pierdas el final.

30 Criamos ocho gazapos

MIRLO observaba todo el movimiento que había en aquella casa. No se paraba. Había niños, mayores y algo que a MIRLO le llamó muchísimo la atención. Los había visto en el bosque, en el campo... Pero ¡nunca tan pequeños! ¡Y tantos juntos! La gente que estaba con los conejos pequeños, los gazapos, los cuidaban, los llevaban, los traían... ¡Y hasta les daban de comer! Un día, MIRLO observó que allí faltaba alguien. Los tenía contados. Los contó otra vez y... nada. ¿Qué habría pasado? ¿Se habría ido al campo el gazapo que faltaba? ¿Se escondió? Lee lo que sucedió con el gazapo número ocho.

25

NOVELA

El terremoto

Un día se produjo un terrible terremoto. Todas las chimeneas de la ciudad se cayeron. Los edificios crujieron y temblaron. En el bosque, los bandidos sufrieron también los efectos del terremoto. Los árboles se tambaleaban y las piñas caían como granizo. Por fin, la tierra dejó de estremecerse.

El Bandido-Jefe, muy pálido, gritó:

—¡La biblioteca! ¿Qué le habrá ocurrido a la señorita Laburnum... y a los libros?

—¡Rápido! —gritaron todos los bandidos—. ¡Hay que salvarlos! ¡Vamos a salvar a la señorita Laburnum! ¡Vamos a salvar los libros!

Sin cesar de dar gritos, se lanzaron a la carretera que llevaba del bosque a la ciudad.

El policía los vio, pero al oír sus heroicos gritos decidió ayudarles primero y arrestarles después.

—¡Salvemos a la señorita Laburnum! —gritó el policía—. Rescatemos los libros.

¡Qué terrible espectáculo les aguardaba en la biblioteca! Todos los cuadros, flores, etiquetas, estanterías y libros habían caído al suelo en confuso revoltijo, como hojas arrancadas de los árboles en otoño.

No se veía ni rastro de la señorita Laburnum.

Al producirse el terremoto, la señorita Laburnum se encontraba ordenando libros en el almacén, donde se guardaban todos los libros viejos y deteriorados. Infinidad de enciclopedias y pesados volúmenes se desplomaron sobre ella. Al concluir el terremoto todavía estaba viva, pero tan enterrada entre libros que no podía moverse.

"Aplastada por la literatura —pensó la señorita Laburnum—. La muerte ideal para una bibliotecaria".

No la hacía muy feliz este acontecimiento, pero no había nada que pudiera intentar para salvarse. Pero entonces oyó una valerosa voz:

—¡Ernestina! ¡Ernestina Laburnum!

Alguien estaba retirando los libros que la aplastaban. Se trataba del Bandido-Jefe.

—¡Bienvenido, Bienvenido Bienhechor! —murmuró dulcemente la señorita Laburnum—. Es un nombre muy adecuado para ti.

Con exquisita ternura, Bienvenido la puso en pie y le sacudió el polvo que la cubría.

—He venido con la mayor rapidez posible —dijo el Bandido-Jefe—. ¡Oh, Ernestina!, a lo mejor no es el momento adecuado para pedírtelo, pero te aseguro que estoy dispuesto a dejar mi vida de crímenes y convertirme en un hombre honrado. Ernestina, ¿aceptarías casarte conmigo? Creo que necesitas a alguien capaz de quitarte los libros de encima y... Bueno, rescatarte de vez en cuando. Así que las cosas se simplificarían mucho si te casaras conmigo.

—Por supuesto, me casaré contigo —aceptó la señorita Laburnum—. Después de todo, yo te tengo en préstamo gracias a mi tarjeta de lectura. Eso significa que te admiraba en secreto desde hace tiempo.

En la sala principal de la biblioteca había una gran actividad. Bandidos y concejales trabajaban juntos como hermanos. Ordenaban las etiquetas, archivaban las fichas, colocaban en sus estantes los libros caídos. Todos aplaudieron cuando el Bandido-Jefe apareció con la señorita Laburnum, magullada pero más hermosa que nunca.

1 fechoría: delito.

—Ejem —dijo el Bandido-Jefe—. Soy el hombre más feliz de la tierra. La señorita Laburnum ha aceptado casarse conmigo.

Todo el mundo recibió este anuncio con grandes aclamaciones.

—Bajo una condición —indicó la joven—. Todos vosotros dejaréis de robar y cometer fechorías[1] y os convertiréis en bibliotecarios. No fuisteis muy buenos como bandidos, pero creo que como bibliotecarios podréis ser excelentes. Puedo decir que estoy muy orgullosa de todos vosotros.

Los bandidos se quedaron sin aliento, mientras eran unos simples e ineficaces bandidos en el bosque, habían soñado con tal elogio. Profundamente conmovidos, juraron allí mismo que abandonarían su vida de delincuentes para convertirse en bibliotecarios.

Todo aquello fue muy emocionante. Incluso el policía lloró emocionado.

Margaret Mahy. *El secuestro de la bibliotecaria.* Ed. Alfaguara.

Actividades

INVESTIGA LA LECTURA. DESCUBRE SUS SECRETOS

1 El terremoto fue terrible. Pero ¿qué les preocupaba más al Bandido Jefe y a todos los bandidos?

a) Lo que más le preocupaba al Bandido Jefe era qué habría pasado con las joyas que habían robado.

b) Lo que más les preocupaba era que les podía pillar la policía.

c) Lo que más les preocupaba era qué le habría pasado a la señorita Laburnum, la bibliotecaria, y a los libros de la biblioteca.

2 Corrieron mucho. Entraron en la biblioteca y allí no estaba. ¿Por qué no vieron a la señorita Laburnum?

a) Porque ese día tenía libre y no trabajaba.

b) Porque al producirse el terremoto, estaba ordenando libros en el almacén.

c) Porque el Bandido Jefe y los demás no conocían bien la biblioteca.

3 Al final, el Bandido Jefe le propuso a Ernestina casarse con él. Ella aceptó y Bienvenido fue el hombre más feliz. ¿Qué condición puso?

a) Casarse con todos, para que no se enfadase ninguno.

b) Que todos tenían que dejar de cometer fechorías y convertirse en bibliotecarios, porque serían excelentes.

c) Que se casaría con él, cuando hubiera otro terremoto.

ESTOY MUY ORGULLOSA DE TODOS VOSOTROS

4 Ernestina tenía un oficio precioso: era bibliotecaria. Se encargaba de organizar y mantener la biblioteca.

- Qué oficios corresponden a estos trabajos:
  1. Persona que arregla los grifos y cañerías.
  2. Persona que construye casas.
  3. Persona que ayuda a los médicos y a los enfermos.
  4. Persona que se ocupa de la educación y enseñanza de todos nosotros.

TIENES UN CORREO

5 **Margaret Mahy**, la autora de esta lectura, nació en Nueva Zelanda y fue bibliotecaria escolar, antes de dedicarse a escribir libros infantiles. *El secuestro de la bibliotecaria,* de esta autora, seguro que te gustará. Puedes encontrarlo en la biblioteca o en las librerías.

▶▶ Busca, busca y encontrarás. Con este mensaje, lo lograrás.

26

TEXTO INFORMATIVO

Curiosidades

Basuras volantes

Desde hace cierto tiempo, el hombre contamina no solo la Tierra, sino también el espacio.

Se considera que actualmente hay más de 7000 desperdicios que giran en torno a la Tierra: fragmentos de cohetes, satélites viejos, herramientas de los astronautas, sacos de basura, aparatos de fotografía, etc.

Todos estos residuos no están desprovistos de peligro. Los artefactos vuelan a una velocidad vertiginosa. Un simple fragmento de metal de medio milímetro golpeado a una velocidad de 10 km/sg puede atravesar un mono espacial. ¡A una velocidad tan grande, un pedazo del tamaño de una canica puede incluso perforar la pared de una nave espacial!

Mucho esfuerzo y poca miel

¿Te gusta una rebanada de pan untada con miel? Si es así, no te olvides de dar las gracias a las abejas, pues ellas fabrican esta miel con un esfuerzo colosal.

Para fabricar un gramo de miel, una abeja debe recorrer una media de casi cinco kilómetros.

Piensa en el peso de la miel que te pones sobre una sola rebanada de pan y calcula después el número de kilómetros recorridos por las abejas para producirlo.

¡Agua, agua!

En el desierto, cae muy poca agua. Una especie de escarabajo que vive en el desierto de Namibia, en África, ha resuelto el problema a su manera. Durante las noches brumosas, el animal se sitúa en la cima de una duna de arena, las patas traseras al aire

y la cabeza en el suelo. El agua en condensación fluye así sobre su caparazón hasta la cabeza. El escarabajo puede, de esta manera, recoger algunas gotas de agua. ¿Inteligente, no? Pero incómodo para beber.

Las espinacas de Popeye

Si conoces a Popeye el Marino, sabrás que este personaje de dibujos animados sacaba su fuerza del consumo de espinacas.

¿Por qué espinacas y no zanahorias o coliflor? Porque los médicos americanos de los años veinte prescribían a menudo espinacas a los niños y a las personas débiles. En efecto, las espinacas son una verdura que contiene mucho hierro.

El dibujante de Popeye, Segar, tuvo la idea de hacerle comer espinacas. Y los niños siguieron el ejemplo. En cinco años, el consumo de espinacas aumentó un 33% en los Estados Unidos.

¡Un mamífero que pone huevos!

Cuando los exploradores trajeron por primera vez de Australia el cuerpo de un ornitorrinco, los biólogos pensaron que se trataba de una broma. No podían creer que existiera un mamífero que tuviera a la vez pelo, pico de pato y pies palmeados. Cuando les explicaron que, además, ponía huevos, todos los biólogos se quedaron estupefactos.

Y sin embargo, este animal existe y es un mamífero por completo, pues las crías, desde que salen del huevo, maman del vientre de su madre, provisto de mamas como en todos los mamíferos.

¡No es posible! Ed. Libérica.

Actividades

INVESTIGA LA LECTURA. DESCUBRE SUS SECRETOS

1 La contaminación parece que no solo afecta a la Tierra, donde vivimos. También al espacio que nos rodea. Pero ¿quién contamina el espacio?

a) Los que tienen mucha fuerza y tiran las bolsas muy arriba, muy arriba.

b) Lo contaminan los satélites, los cohetes, los astronautas y todo lo que circula por el espacio.

c) Los que se van de merienda al espacio y no recogen lo que llevan.

2 Parece que los dibujos animados son también estupendos para la salud. ¿Por qué comía espinacas Popeye, el famoso dibujo animado?

a) Porque le gustaban mucho los dulces de color verde.

b) Porque a Popeye le gustaban solo dos colores: el azul del mar y el verde de los árboles.

c) Porque el dibujante, Segar, escuchó a los médicos que decían que las espinacas tienen mucho hierro.

3 Si nos creemos que algunas cosas son fáciles de hacer, podemos equivocarnos. ¿Cuánta miel calculas que puede fabricar una abeja, en un paseo de unos cinco kilómetros?

a) Puede fabricar un gramo, lo que pesa una hoja de papel.

b) Puede fabricar cinco kilos, los mismos que kilómetros que recorre.

c) Puede fabricar varios tarros, de los que compramos en la tienda.

EL QUE ALGO QUIERE, ALGO LE CUESTA

4 Ya has leído el trabajo de ese escarabajo, en África, para conseguir una gota de agua. Esto es más fácil. Elige, entre los siguientes verbos, cuál colocarías en cada frase.

prescriben | fabrican | fluye | atravesar

- Las abejas (...) la miel. El agua (...) a la cabeza del escarabajo.
- Un fragmento de metal puede (...) una nave espacial. Los médicos (...) espinacas a las personas débiles.

TIENES UN CORREO

5 El texto que has leído podemos llamarlo de **noticias curiosas.** Son las que suelen aparecer en los medios de comunicación, en libros dedicados a las curiosidades, en determinadas páginas de Internet, etc.

▸▸ Busca, busca y encontrarás. Con este mensaje, lo lograrás.

Nana de la tortuga

Verde, lenta, la tortuga.

¡Ya se comió el perejil,
la hojita de la lechuga.

¡Al agua, que el baño está
rebosando!

¡Al agua
pato!

¡Y sí que nos gusta a mí
y al niño ver la tortuga
tontita y sola nadando!

Rafael Alberti.

Actividades

INVESTIGA LA LECTURA. DESCUBRE SUS SECRETOS

1 Los poetas tienen la capacidad de hacernos ver la vida con sus palabras: la luz, el color, el amor... Y Rafael Alberti lo hizo maravillosamente. ¿Qué color ves en los primeros versos?

a) Veo el color blanco del papel y el negro de las letras.

b) Veo el color verde de la tortuga, del perejil y de la hojita de la lechuga.

c) Veo el color azul del cielo.

2 La tortuga debía de tener bastante hambre, porque se comió el perejil y la hojita de la lechuga. ¿Cuánto tiempo tardó?

a) Tardó mucho. El poeta dice que era verde y lenta.

b) Tardó poquísimo, por si venía el pato y se lo comía.

c) Tardó muy poco, porque la lechuga y el perejil son muy blanditos.

3 El poeta no está solo, viendo a la tortuga. ¿Por qué lo sabes?

a) Porque a las tortugas les gusta ver a mucha gente.

b) Porque el poeta dice que les gusta a él y al niño ver a la tortuga.

c) Porque el baño estaba rebosando: él, el niño, la tortuga, el pato...

TONTITA Y SOLA NADANDO

4 La tortuga nada. Un perro también. Y seguro que tú nadas estupendamente. ¿Con cuáles de estas palabras se puede usar el verbo nadar?

apisonadora	sapo	roca	tiburón
ordenador	salmonete	cachalote	agua

TIENES UN CORREO

5 El texto que has leído, *Nana de la tortuga,* pertenece a **Rafael Alberti.** Nació en la ciudad gaditana de El Puerto de Santa María. ¿Sabes cómo le llamaban algunos?: "El poeta del mar". Desde pequeño, las playas, el mar y la luz de Andalucía fueron sus amores. También fue pintor. Y, sobre todo, luchó por la paz y por la libertad.

▸▸Busca, busca y encontrarás. Con este mensaje, lo lograrás.

28

CUENTO

El perro del vecino

En la puerta del jardín de nuestro vecino hay un letrero que dice "Cuidado con el perro". Cada vez que se abre el portón se oyen unos ladridos tan terribles que se te hiela la sangre. Es una mezcla de rugidos de león y la tos bronca de lobo que conocemos de las películas de la tele. Por eso, nadie se atreve a acercarse a la puerta de la casa de nuestro vecino: hasta el cartero se limita a tirar el correo por encima de la verja y se va a toda prisa.

Hace poco, a un niño que jugaba se le coló la pelota en ese jardín. Y como esa pelota era su juguete favorito, hizo acopio[1] de todo su valor y saltó la verja para ir a buscarla. Se asombró de no oír esta vez la mezcla de rugidos de león y la tos bronca de lobo que conocemos de las películas de la tele, y cuando llegó a la caseta del perro, porque había visto allí su pelota, de pronto vio salir a un pequeño perro salchicha meneando muy contento la cola.

—¡Cómo! —exclamó el chico—. ¿Eres tú el que ladra de esa manera tan terrorífica?

—Sí —dijo el perro salchicha.

—No me lo creo —replicó el niño.

1 hacer acopio: reunir.

Entonces el perro salchicha se metió en su caseta y apretó con la pata derecha de delante el botón de un radiocasete, y a continuación sonó el terrible ladrido, mezcla de rugidos de león y la tos bronca de lobo que conocemos de las películas de la tele. Entonces el chico se echó a reír y el perro también, y aquello sonó como una mezcla de risas de niño pequeño y ladridos de perro salchicha.

Pero el aparato lo había grabado todo, y cuando el dueño del perro volvió a casa, el salchicha apretó la tecla y sonó la risa de un niño pequeño y el ladrido de un pequeño perro salchicha.

—¡¿Qué?! —exclamó el dueño indignado—, ¿dónde está el ladrido terrorífico que es una mezcla de rugidos de león y la tos bronca de lobo que conocemos de las películas de la tele?

Se ha borrado —dijo el perro salchicha—, a partir de ahora ya solo sonará esto.

Volvió a apretar la tecla y de nuevo se oyó la mezcla de risas de niño pequeño y ladridos de perro salchicha.

El dueño se enfadó mucho y sin perder un minuto encargó a un estudio de sonido un nuevo ladrido terrorífico, que fuera una mezcla de rugidos

de león y la tos bronca de lobo que conocemos de las películas de la tele. Estaba impaciente por recibir la grabación del estudio, pero entretanto notó que todos los vecinos se volvían más amables, que el cartero se quedaba un ratito e incluso entraba en su jardín, que los niños empezaban a jugar con su perro salchicha, y que él, algunas veces, al regresar a su casa empezaba a silbar.

El estudio sigue sin mandar la grabación del terrorífico ladrido que suena como una mezcla de rugidos de león y la tos bronca de lobo que conocemos de las películas de la tele, porque estas cosas llevan su tiempo, pero tengo que decir que no sé si nuestro vecino seguirá necesitándola cuando llegue.

Franz Hohler, Nikolaus Heidelbach, *El gran libro de cuentos para niños.* Ed. Juventud.

Actividades

INVESTIGA LA LECTURA. DESCUBRE SUS SECRETOS

1 En aquella casa, recibían el correo de una forma muy extraña. ¿Por qué el cartero lo tiraba por encima de la puerta?

a) Porque era muy bajito y no llegaba al buzón.

b) Porque tenía mucho trabajo y no podía más que tirarlo por encima de la puerta.

c) Porque le daba mucho miedo el perro y no se atrevía a acercarse a la puerta.

2 El chico conocía el letrero de "Cuidado con el perro" y no debería haber entrado. Pero un día lo hizo. ¿Qué se encontró?

a) Se encontró con un monstruo terrible. Una mezcla de perro y león.

b) Se encontró con el dueño y vio que ladraba él, imitando a un perro terrible.

c) Se encontró con un perro salchicha, que encendía un radiocasete, en su caseta, y se rio mucho.

3 El vecino no recibía la grabación de lobo y león, que había encargado. Pero ¿por qué dice el autor que no sabe si seguirá necesitándola?

a) Porque el vecino la necesitaba muy pronto y no llegaba.

b) Porque los vecinos estaban amables, el cartero entraba y los niños jugaban con el perro salchicha.

c) Porque se compró un león de verdad y allí no pasaba nadie.

¡CUIDADO CON EL PERRO!

4 Cuando queremos notificar algo, escribimos un **letrero.** Al día, podemos encontrar muchos, como: *Ojo, mancha. Cuidado con el escalón. Se vende,* etc.

- En una hoja de papel, escribe un letrero, para poner en tu habitación, con algo importante que te interese. Cuando lo leas, no se te olvidará eso tan importante.

TIENES UN CORREO

5 El cuento que has leído es un cuento **fantástico.** Es decir, que tiene elementos pertenecientes a la fantasía, no a la realidad. Como, por ejemplo, que un perro hable (aunque sea salchicha).

▶▶Busca, busca y encontrarás. Con este mensaje, lo lograrás.

29

CUENTO

El gnomo Jeromo

—Buenas tardes, querido vecino. Venía a pedirle un favor...

El gnomo Jeromo torció el gesto. Siempre pidiéndole favores a él, con la fama de tacaño que tenía. ¿Por qué no escarmentaban? Él vivía tranquilamente en su Seta Gigante, sin pedir nunca nada a nadie.

Durante el verano hacía sus provisiones para el invierno, y durante el invierno se las comía y nada más. ¿Por qué no hacían lo mismo todos los vecinos, que siempre andaban pidiéndole que si un huevo, que si un poquito de sal, que si una taza de leche, que si un grano de pimienta? ¡Brrr!

—¿Qué quieres ahora, pequeño? —gruñó al ver que el más chiquitito de los Castores seguía en el umbral[1] y no se marchaba.

1 umbral: entrada de la casa.

—Mamá está haciendo un pastel y dice que si usted, que es tan bueno, me puede prestar un kilo de harina.

El gnomo Jeromo se llevó las manos al gorro verde y puntiagudo que tapa su calva. ¡Nada menos que un kilo de harina! ¿Y cuándo se lo devolverían?

Castorín aseguró que enseguida, en cuanto mamá Castora fuese al mercado el jueves.

A regañadientes, el gnomo Jeromo se metió en la cocina y salió con el paquete, que era más grande que él. Castorín se lo cargó a la espalda, a duras penas, y salió tambaleándose.

Y el gnomo Jeromo cerró la puerta, le dio una vuelta a la llave y se puso a leer delante de la chimenea.

Pero al poco tiempo volvieron a llamar.

—¡Toc! ¡Toc!

—¿Quién es?

—¡Soy yo, Castorín! ¡Ábreme!

"Vaya —pensó el gnomo Jeromo—, este viene a devolverme la harina. No corría tanta prisa".

Pero Castorín le pidió un huevo, aunque fuese de paloma, su madre estaba haciendo un pastel...

—Con que un pastel, ¿eh? ¡Brrr!

Por poco, en lugar del huevo, le da con la puerta en las narices. Pero, entonces, no podría recuperar nunca el kilo de harina prestado. Y le dio el huevo... pero de gorrión. Castorín, a pesar de todo, se marchó contento. Y el gnomo Jeromo cerró la puerta, le dio dos vueltas a la llave y se puso a leer otra vez.

Al cabo de un rato, volvieron a llamar.

¡Era Castorín de nuevo! Ahora pedía una tacita de dulce de frambuesa.

—También para el pastelito, ¿verdad? ¡Brrr! Y el gnomo Jeromo tuvo que encerrarse en la cocina, para que Castorín no le viera quitarse el gorro y morderlo de la rabia.

Pero para recuperar la harina y el huevo, le prestó la tacita de dulce, solo que en lugar de ser taza de desayuno fue una de las de café, y en vez de dulce de frambuesa era de ciruela, para que se fastidiaran y les sonaran las tripas.

Y Castorín se marchó tan contento. Y el gnomo Jeromo cerró la puerta dando tres vueltas a la llave. Y se puso de nuevo a leer.

Y al cabo de unos instantes, Castorín llamó una última vez. Necesitaban, para el pastel... ¡medio kilo de azúcar!

En el colmo de la desesperación, el gnomo Jeromo entró en la cocina, y salió con un paquete de sal y se lo dio a Castorín. No lo notarían y se les estropearía el pastel, por pedigüeños, ea.

¡Y el gnomo Jeromo estaba leyendo, cuando llamaron otra vez!

Ahora era la familia de los Castores en pleno. Venían todos a felicitarle por su cumpleaños, y a regalarle... ¡el pastel!

Y el gnomo Jeromo se desmayó.

Juan Antonio de Laiglesia, *Cuentos de América y España (adaptación).* Ed. A.U.L.I.

Actividades

INVESTIGA LA LECTURA. DESCUBRE SUS SECRETOS

1 Todos conocemos el tamaño de los gnomos y cómo viven: en su seta, tan pequeña. ¿Por qué se enfadó tanto Jeromo, cuando Castorín le pidió un kilo de harina?

a) Porque donde vivía Jeromo no había trigo. Por tanto, tampoco harina.

b) Porque tenía fama de tacaño. Decía que él no pedía nunca nada y a él siempre le pedían.

c) Porque los gnomos y los castores se llevan fatal, desde siempre.

2 El gnomo se enfadó muchísimo, cuando Castorín volvió a pedir otra cosa: un huevo. Pero, al final, se lo dio, aunque no le había devuelto la harina. ¿Por qué lo hizo?

a) Porque tenía demasiados huevos en casa y se le iban a estropear.

b) Porque los gnomos tienen prohibido, por el médico, tomar huevos.

c) Porque pensó que si no le daba el huevo, nunca le devolverían la harina prestada.

3 Al final, el gnomo le dio a Castorín todo lo que pidió, aunque algunas cosas cambiadas, a mala uva. ¿Por qué se desmayó, cuando le regalaron el pastel de cumpleaños?

a) Porque en cuanto olía un dulce, le sentaba mal y se mareaba.

b) Porque nunca se imaginó que el pastel iba a ser para él, por su cumpleaños y se dio cuenta de todo lo que había hecho mal.

c) Porque era para su "cumple" pero, al final, se lo comieron los castores.

¡TOC! ¡TOC! ¿QUIÉN ES?

4 Cuando leemos palabras que imitan un sonido, decimos que es una **onomatopeya.** Intentamos escribir algo que se parezca al sonido.

Escribe onomatopeyas de estos sonidos:

- Un cristal que se rompe.
- Un aplauso.
- ¡Silencio!
- Un silbato.

TIENES UN CORREO

5 El personaje principal de una obra literaria es el o la **protagonista.** En este caso, el protagonista es el gnomo Jeromo.

▸▸Busca, busca y encontrarás. Con este mensaje, lo lograrás.

30

NOVELA

Criamos ocho gazapos

Uno de los animales domésticos que más nos gustaban eran los conejos. Tenían una piel tan suave y mullida que nos encantaba abrazarlos. Siempre estaban dispuestos a comer y nunca nos mordían.

(Algunos animales domésticos sí muerden a sus dueños y pueden hacerles daño.)

Como queríamos tanto a nuestros conejos elegíamos sus nombres cuidadosamente. Incluso cuando eran mellizos, trillizos, cuatrillizos o quintillizos siempre los distinguíamos unos de otros.

Nunca hacían caso cuando se les llamaba por su nombre porque, aunque tienen muy buen oído, los

conejos no distinguen los nombres. Cuando teníamos una nueva camada[1] de conejos, a veces tardábamos una semana en buscarle un nombre adecuado a cada conejo. Los nombres se nos ocurrían en cualquier parte..., en la bañera o mientras comíamos, por ejemplo. Francisco decía algo como "Ojos Negros", todos nos quedábamos pensando un momento y después le decíamos si nos parecía bien. Siempre sabíamos a qué gazapo se refería.

Uno de nuestros conejos favoritos era una vieja coneja que se llamaba *Saltitos*. La llamábamos así porque tenía una pata mala desde que era pequeña.

1 camada: conjunto de crías nacidas al mismo tiempo.

Nos encantaba cogerla en brazos y hundir la nariz en su cálida piel. Entonces ocurrió algo terrible. *Saltitos* tuvo ocho gazapos. Lo malo no fue eso, sino que murió poco después de que nacieran los gazapos. La enterramos en el jardín y pusimos flores sobre su tumba. Nos dio mucha pena. Sabíamos que si no los alimentaba su madre, los ocho pequeños gazapos morirían. Eran muy pequeños para comer solos y necesitaban leche de su madre.

Mamá los colocó en una caja, los metimos en casa y los dejamos en un rincón de la cocina. Después fuimos a la farmacia. El señor Tritón, el farmacéutico, nos vendió cuatro pequeños cuentagotas de cristal y plástico como los que a veces tienen que utilizar los niños cuando les duele el oído. Pronto aprendimos a dar de comer a los gazapos, dejando caer solo tres o cuatro gotas de una vez, y así es como los mantuvimos vivos.

El problema era que tardábamos demasiado en alimentar a los gazapos. Teníamos que levantarnos al amanecer y también a medianoche. Tras una semana, Francisco y yo nos quedábamos dormidos en el colegio. Los niños pueden dormir poco un día y estar despiertos al día siguiente, pero no pueden levantarse a medianoche sin tener sueño todo el día siguiente. Nuestros profesores no se enfadaron con nosotros. Todo el mundo sabía que teníamos que cuidar a ocho gazapos.

Al fin los gazapos parecieron fortalecerse. Nuestro padre examinó a todos los gazapos cuidadosamente mientras les dábamos el biberón de la tarde.

—Ya hace menos frío —dijo—, y los gazapos son más fuertes. Creo que ya pueden dormir fuera sin tener que darles el biberón de medianoche.

Así que nos fuimos a la cama y por primera vez no pusimos el despertador a las dos de la madrugada.

A las seis de la mañana fuimos corriendo a darles el biberón a los ocho gazapos. Había sido una noche fría. Todos los gazapos estaban hambrientos y uno de ellos estaba muerto. Los dos lloramos.

Papá lamentó haber cometido aquel error. Así que seguimos poniendo el despertador a las dos de la madrugada durante otra semana.

Todos los gazapos crecieron fuertes y sanos. Como había siete, les pusimos de nombre los días de la semana. Siempre fueron nuestros conejos favoritos porque Francisco y yo fuimos como su auténtica madre.

Iris Grender, *¿Te he contado mi cumpleaños?*
Ed. Espasa-Calpe.

Actividades

INVESTIGA LA LECTURA. DESCUBRE SUS SECRETOS

1 Cada vez que nacía una camada de conejos, les ponían un nombre a cada uno. ¿Por qué no hacían caso cuando les llamaban?

a) Porque los conejos comen mucho, pero no oyen nada.

b) Porque a ninguno le gustó el nombre que le pusieron.

c) Porque no distinguen los nombres, aunque tienen muy buen oído.

2 Cuando Saltitos tuvo ocho gazapos, murió. Los gazapos no tenían leche y eran muy pequeños para comer solos. ¿Cómo los alimentaban?

a) Los sentaban a una mesa, les ponían servilletas y les daban cubiertos.

b) Con un cuentagotas que les vendió el señor Tritón, el farmacéutico.

c) No pudieron, porque los conejos quieren comer solos.

3 Uno de los gazapos murió y el padre dijo que sintió haber cometido un error. ¿Qué hicieron para remediarlo?

a) Decidieron no volver a criar conejos en casa.

b) Decidieron seguir poniendo el despertador a las dos de la madrugada.

c) Decidieron poner muchos alimentos y leche a su lado y que comieran, cuando quisieran.

CON CUENTAGOTAS

4 Ya has leído que a los gazapos los alimentaban con un utensilio que se llama cuentagotas, que sirve para echar un líquido gota a gota. Cuentagotas es una **palabra compuesta:** cuenta (de contar) y gotas.

- Une ahora palabras de esta lista para formar palabras compuestas. Comprueba luego en el diccionario si están bien y lo que significan.

montañas — casca — mete — patas — nueces — pasa

TIENES UN CORREO

5 Iris Grender, la autora de este libro, nació en Inglaterra. Ha escrito libros para preescolar y otros dirigidos a gente como tú. El de *¿Te he contado mi cumpleaños?*, editado por Espasa-Calpe, al que pertenece el texto que has leído, sirve también para leer en voz alta. Toda su obra es divertida y te gustará.

▶▶ Busca, busca y encontrarás. Con este mensaje, lo lograrás.

¿Qué sucederá? En la lectura lo encontrarás

31 La alfombra voladora

LULA leyó este cuento volando. Y nunca mejor dicho. Ella iba donde quería. Pero no era como *Faralá*, esa alfombra que llevaba una palabra bordada donde ponía su nombre. Tampoco LULA estuvo nunca con un rey.

LULA siguió leyendo el cuento. Parecía que no quería que se acabara. Siempre descubría cosas fantásticas, leyendo con *Faralá*. Porque LULA voló y voló. Pero a los dragones amarillos y a los conejos rosa, nunca vio. ¿Conseguiría LULA ver la *fuente que habla*? ¿Y la *gruta encantada*? ¿Podría ir, alguna vez, con un niño, volando con *Faralá*?

32 Con estos te partes... ¡de risa!

MONTI volvió a llamar a la pandilla de buscadores.

—Os vais a reír un rato. Mirad lo que he encontrado.

En cuanto MONTI leyó el de *Gonzalito*, HERMI se puso a mover sus patitas de la risa. El del que quería cambiarse el nombre le hizo mucha gracia a LULA, y MIRLO comenzó el canto de la risa con el del abuelo y *"Legreño"*. Los cuatro acabaron cantando "Todos queremos más".

¿Te sabes alguno y te apuntas a la pandilla?

33 El león y el ratón

Desde la copa del gran árbol, MIRLO leía. Y se imaginaba lo que pasó en la fábula de *El león y el ratón*. Si uno lo piensa, poco tiene que ver un león con un ratón. Pero en las fábulas, todo es posible.

El león, por culpa de los cazadores, lo pasó muy mal. No es que le dispararan. Fue algo peor.

Y el ratón le quería agradecer lo bien que lo trató el león. Aunque ¿cómo iba él a devolver el favor al gran rey de la selva, al más poderoso de todos los animales? A lo mejor, a ti se te ocurre una forma de ayudar.

34 El dueño de la sombra

A los cuatro buscadores les gustaba el sol. Pero entendían bien lo que leyeron que hacía el mendigo. Solo quería un poco de sombra en la calle. El calor era terrible.

Como al dueño de la casa no le gustaba tenerlo allí, lo quiso echar. Decía que el árbol era suyo y la sombra también. Pero al mendigo se le ocurrió una idea.

—A este hombre lo que más le gusta es el dinero. Quizá acepte mi oferta.

¿Qué se le habría ocurrido al mendigo para poder tomar el fresco? ¿Crees que lograría su propósito? No te pierdas la solución a este enigma.

35 En el desván de los monstruos

¡Qué miedooo! —dijo LULA—. Yo ahí no entro ni loca. Solo de pensarlo, se me caen hasta las alas. Ese desván es horrible. Un vampiro, un dragón, una sombra perdida... Es que no falta nadie.

Pero dice la lectura que las pesadillas se filtran. Y que el miedo se evapora. ¿Será eso verdad? ¿Podré tener buenos sueños, volar y volar y seguir buscando sin parar? Ojalá que ese desván de los monstruos sea realmente mágico.

36 Hadas

HERMI notó que todo era distinto. El suelo se veía precioso. ¡Había flores, millones de flores! Pero ¿qué era eso que venía en un rayo de sol? No eran ni LULA ni MIRLO. Eran unos personajes que nunca antes había visto. Miró y miró desde abajo pero luego, en un momento, ya no las veía. ¿Quiénes serían esas desconocidas? ¿Habrían venido con las flores o con la primavera?

En la lectura encontrarás respuestas a todas estas preguntas de HERMI.

31

CUENTO

La alfombra voladora

Una vez, apareció por el cielo una alfombra voladora. Y se paró a descansar sobre la copa de un árbol.

Las alfombras voladoras viajan por el aire, como los aviones y los pájaros. Son muy antiguas y es muy raro poder encontrar todavía alguna por el mundo.

Las alfombras voladoras parecen iguales a todas las alfombras. Solamente si se las mira con cuidado, por el revés, se puede ver que llevan una palabra mágica bordada en la esquina.

La alfombra voladora, que se había tendido[1] para descansar sobre la copa de un árbol, era de color verde y tenía bordada la palabra "Faralá".

Faralá había sido, hace muchísimos años, la alfombra mágica de un Rey que cuando quería viajar no tenía más que decir:

—¡Faralá, a Pekín!

—¡Faralá, a Bombay!

—¡Faralá, a Estambul!

Y la alfombra salía disparada, volando por los aires, llevando al Rey de un lado para otro.

Un buen día aquel Rey se fue a la guerra y no volvió nunca más. Y Faralá se quedó olvidada, encerrada en un armario.

1 tenderse: tumbarse, acostarse.

Pasó mucho tiempo, hasta que una vez, haciendo limpieza en el palacio, encontraron a Faralá y, sin saber que era una alfombra voladora, la dejaron en un patio para sacudirla y quitarle bien el polvo.

Entonces Faralá, que lo había pasado muy mal tanto tiempo encerrada y sin moverse, echó a volar sin esperar a que nadie se lo mandara.

Desde entonces Faralá viaja sola por el mundo, de día o de noche según le guste, y se para a descansar cuando quiere.

Faralá es amiga:

de los pájaros que vuelan con ella, de los gatos que le dicen adiós desde los tejados, de los niños que por la noche la esperan.

Faralá ha dado la vuelta a la Tierra muchas veces. Y ha visto cosas que nadie más ha visto.

Faralá volando, volando... si quiere, puede visitar a los conejos rosa. Los conejos rosa viven en una casita escondida en el bosque. Y se pasan el día haciendo merengues de fresa.

Por eso, si se les da un beso sabe dulce y un poquito pegajoso.

Faralá volando, volando... puede llegar hasta la cueva del dragón amarillo.

El dragón amarillo guarda una capa, que si te la pones te vuelves invisible y ya nadie puede verte.

Faralá sabe dónde están la fuente que habla, la gruta encantada, el árbol que ríe y que llora, la lámpara mágica, la montaña que canta...

A Faralá hay otra cosa que le gusta tanto como volar. ¿Sabéis qué?

Pues visitar a los niños por la noche, cuando todos duermen, y llevarlos con ella a que vean lo que más les guste ver.

La alfombra verde puede llevar a cada niño al sitio a donde quiera ir.

Y aunque sea un sitio muy raro. Y esté lejos, muy lejos, muy lejos...

¡No importa!

Si alguna noche Faralá entra volando por la ventana, y se acerca a vuestra cama, no tenéis más que decirle:

¡Faralá, Faralá, Faralá llévame a...!

Y la alfombra mágica os llevará a volar con ella por el aire. Y a que veáis lo que más os guste ver.

Marta Osorio, *Cuentos de cinco minutos.* Ed. Anaya.

Actividades

INVESTIGA LA LECTURA. DESCUBRE SUS SECRETOS

1 Faralá es, quizá, alguien que ha recorrido más países del mundo. Pero ¿quién era realmente Faralá?

a) Era una reina, de por allá. Viajaba en avión y decía ¡ya estoy acá!

b) Faralá era una famosa cantante, que cantaba "Por aquí, ya vendrá".

c) Faralá era una alfombra mágica, que iba donde decía el rey.

2 Antes, Faralá viajaba siempre con el rey, donde él decía. Pero ¿por qué ahora, Faralá viaja sola?

a) Porque así iba mucho más deprisa y no le pesaba nadie encima.

b) Porque, un día, el rey se fue a la guerra y no volvió nunca más.

c) Porque ya está cansada de volar y volar. Ahora, solo se quiere tumbar.

3 Faralá ha visto a los conejos rosas, al dragón amarillo, la fuente que habla, la lámpara mágica y tantas cosas. Pero ¿qué le gusta más?

a) Lo que más le gusta es visitar a los niños que duermen y llevarlos donde ellos quieran ir.

b) Lo que más le gusta es dormir y roncar. Así, a todos puede asustar.

c) Lo que más le gusta a Faralá son los palacios más grandes del mundo, donde dicen: "irás, pero no volverás".

¡LLÉVAME A...!

4 Marta Osorio nos da esta fantástica oportunidad. Haz un poco de sitio, en casa, y piensa que, esta noche, puede venir Faralá. Tanto a ti como a ella, os podría venir muy bien que encontréis un papel, donde escribas tus lugares preferidos:

- Esa excursión donde tan bien lo pasaste con tus amigas y amigos.
- Ese parque fantástico, donde todos los juegos eran posibles.
- Ese lugar del espacio, donde llegan muchos extraterrestres del universo... ¡O donde quieras! No pierdas esta gran oportunidad.

TIENES UN CORREO

5 La autora del cuento que acabas de leer es **Marta Osorio**, que también fue actriz de teatro. En todos sus libros encontrarás siempre cariño y mucha imaginación. Seguro que te gustarán: *Cuentos de cinco minutos, El último elefante blanco* o *La mariposa dorada,* editados por Anaya.

►► **Busca, busca y encontrarás. Con este mensaje, lo lograrás.**

Con estos te partes... ¡de risa!

Gonzalito, que tenía un poco la cabeza a pájaros, se sube a un taxi.

—Buenas tardes. A la calle de La carroza, número cinco.

—Hemos llegado —le dice el taxista.

—¿Cuánto le debo? —dice Gonzalito.

—Seis euros —le contesta el taxista.

Y Gonzalito dice:

—¿Podría retroceder tres euros? Es que solo tengo tres.

En la consulta de la oftalmóloga, un paciente le dice:

—¿Usted cree que soy corto de vista, doctor?

—Doctora.

Un hombre va al Registro Civil y dice:

—Hola. Vengo a cambiarme el nombre.

—Hombre, es que eso es muy complicado. Hay que rellenar muchos papeles. ¿Por qué no se queda con el nombre que ya tiene?

—Porque es muy feo.

—Ah, ¿sí? ¿Y cómo se llama?

—Alberto Cagarrina.

—Hombre, en este caso, yo se lo cambio. ¿Y qué nombre quiere?

—Alfonso Cagarrina.

Le dice una amiga a otra:

—Hola, Marisa. Te veo muy bien. ¿Qué tal el pequeño Teo?

—Es un niño precioso. Ya hace tres meses que anda.

—Pues estará ya muy lejos, ¿no?

Susana le dice a su padre:

—Papá, papá, ¿me haces los problemas de matemáticas?

—No hija, no estaría bien.

—Bueno, inténtalo de todas formas.

David llega a casa y su madre le pregunta:

—¿Qué tal, David?, ¿has aprendido mucho en el colegio?

—No creo, porque tengo que volver mañana.

Un abuelo se acerca a la ventanilla de la estación del tren y dice:

—Perdone, ¿tiene un billete para Legreño?

El vendedor, mientras le saca un billete, le corrige en voz alta:

—Un billete a Logroño para el señor.

—Perdón, es para Legreño.

—Será para Logroño, ¿no?

—No, no. Para Legreño.

—¿Cómo que para Legreño? ¡Es Logroño! ¡LO-GRO-ÑO!

—¡Oiga! ¡No me tome el pelo! ¡Quiero un billete para Legreño y no se hable más!

—¡Y dale con Legreño! ¡Pues no tengo ningún billete para Legreño!

Y entonces, el abuelo da media vuelta y, mirando hacia abajo, grita indignado:

—¡Legreño, vámonos de aquí, que este maleducado no quiere venderte ningún billete!

Popular.

Actividades

INVESTIGA LA LECTURA. DESCUBRE SUS SECRETOS

1 Gonzalito sube a un taxi y todo iba perfectamente. ¿Qué pensaría el taxista, cuando Gonzalito le propone retroceder tres euros?

a) Le parecería una cosa normal. Es lo que siempre se hace. Se va marcha atrás y el contador retrocede.

b) El taxista no iba a estar dispuesto a perder dinero. Que lo buscara y le pagara lo que le debía.

c) Daba igual. Los taxistas, como todo el mundo, tienen mucho dinero.

2 Aquel hombre fue al Registro Civil a cambiarse el nombre. Pero, en realidad, ¿qué pensó quien lo atendió que quería cambiarse?

a) Pensó que quería cambiarse el nombre, porque le habían puesto Alberto con uve.

b) Pensó que lo que quería era cambiarse el apellido Cagarrina.

c) Pensó que quería el nombre en otro idioma de la Unión Europea.

3 ¿Por qué se enfada el vendedor, cuando el abuelo insiste en que quiere un billete para Legreño?

a) Porque le faltaban billetes para *Legreño, Valoncia, Suvilla, Barcalona, Medrid* y muchos más.

b) Porque el vendedor no sabía que Legreño, con ese nombre tan raro, era un niño. Pensaba solo en la ciudad de Logroño.

c) Porque estaba harto de que todo el mundo quisiera ir a Legreño.

¿QUÉ TAL VES?

4 Comprueba ahora si tienes buena vista ortográfica. Escribe en tu cuaderno las letras que faltan.

re__enar (ll/y)	__olver (v/b)	__ista (b/v)	Al__erto (v/b)
corri__e (g/j)	__enderte (b/v)	__ámonos (v/b)	__uelta (b/v)

TIENES UN CORREO

5 Reírse es fantástico. Por eso te recomendamos que leas estos libros: *El hombre con el pelo revuelto,* Daniel Nesquens, ed. Anaya. *El señor Pringoso y la galleta multimillonaria,* Andy Stanton, ed. S.M.

►► **Busca, busca y encontrarás. Con este mensaje, lo lograrás.**

33

FÁBULA

El león y el ratón

Estaba un león tranquilamente sentado, abriendo su inmensa boca y bostezando. Entonces, de repente, vio salir de un agujero en el suelo, muy cerca de él, a un ratón.

Los dos animales, al verse, se extrañaron muchísimo. Y el ratón, además de extrañarse, sintió bastante miedo.

Sin embargo, el león no hizo nada al ratoncito y dejó que siguiera por su camino.

El ratón se sintió muy agradecido al rey de los animales. Para él fue algo muy importante y le encantaría devolverle el favor que le había hecho el león.

Pero claro, ¿cómo iba él, un pequeño ratón, a hacer algo para el gran rey de los animales? No se lo creía ni él mismo.

—Yo no podré nunca ayudar a nuestro rey —pensaba.

Y resulta que un día, aunque le pareciera imposible, se presentó la gran ocasión. El ratoncito iba a poder dar las gracias al león, por lo bueno que fue con él.

Esa mañana aparecieron en el bosque unos cazadores, que fueron con la intención de atrapar al gran león.

—Mucha atención, todos —dijo el hombre que parecía ser el jefe—. Ya sabéis lo que hoy perseguimos. Queremos conseguir la mejor pieza que hemos visto jamás. Pero ¡cuidado! Tenemos que ser más astutos que él.

Como lo habían observado durante un tiempo, los cazadores sabían cuáles eran los movimientos del gran rey de la selva. Decidieron que, mejor que enfrentarse a él con sus rifles y escopetas, le tenderían una trampa.

Cubrieron, de árbol a árbol, el bosque con redes. Cuando el león fue a hacer su camino diario, en busca de alimento, cayó en una de las redes de los cazadores. Atrapado, sin poder moverse, rugió y rugió lleno de rabia y espanto.

—¿Dónde estoy? ¿Qué es esto que nunca vi y ahora me impide moverme? —pensó aterrado.

Los rugidos eran tan fuertes que todo el bosque los oyó. También el ratoncito, que estaba tranquilo, en su madriguera.

—¿Qué oigo? ¡Es el león! Algo le pasa. Nunca escuché ese rugido.

El ratoncito fue corriendo, lo más deprisa que pudo, y allí, bajo los árboles, vio al gran león, sin poder escapar de las redes que lo aprisionaban.

Llegó a su lado, y empezó a roer y roer las cuerdas.

Con mucha paciencia, consiguió que el león pudiera salir de la trampa de los cazadores.

El león, al verse libre, miró al ratón y, con sus ojos, le agradeció el gran favor que le había hecho.

Rápidos, como nunca, se fueron de aquella trampa de redes. El ratón a su madriguera y el león, a su guarida.

Estaban felices los dos.

Los cazadores no podían imaginar lo que había ocurrido. Sin saber cómo el león se escapó y tuvieron que volver al pueblo, sin nada que llevarse.

Dos lecciones se aprenden de esta fábula. La primera nos enseña que es preciso ser amable y servicial con todo el mundo. Porque, en la vida, nunca se sabe a quién podemos necesitar.

La segunda lección, nos la da el ratoncillo. El león no pudo, con toda su fuerza, deshacerse de las redes. Pero el ratoncillo, con mucha paciencia y trabajo, lo consiguió.

Por tanto, son mejores el trabajo y la paciencia, que la fuerza y la rabia.

(Adaptación de la fábula del mismo nombre.)

Actividades

INVESTIGA LA LECTURA. DESCUBRE SUS SECRETOS

1 El león y el ratón, al verse, se extrañaron muchísimo. Pero ¿por qué el ratón estaba tan agradecido al rey de la selva?

a) Porque el león no le hizo nada y dejó que siguiera su camino.

b) Porque los leones son íntimos amigos de los ratones.

c) Porque los cazadores iban a buscar ratones con escopeta.

2 Cuando los cazadores vieron al terrible león, decidieron no cazarlo con sus rifles y escopetas. ¿Qué pensaron hacer?

a) Llenar el bosque de ratones, lo que más miedo les da a los leones.

b) Pensaron tenderle una trampa, llenando el bosque con redes.

c) Fueron a su guarida, con caramelos, para hacerse amigos del león.

3 ¿Cómo consiguió el pequeño ratón liberar de las redes al gran león?

a) Es que era un ratón mágico. Con la magia, convirtió al león en ratón.

b) Con mucha paciencia, empezó a roer y a roer las cuerdas de la red, hasta que consiguió que el león pudiera salir de la trampa.

c) Lo consiguió, porque era "superratón", más fiero que un león.

AYUDA A TODO EL MUNDO

4 Hoy vamos a buscar **sinónimos.** Son palabras que significan igual o muy parecido. A ver cuántos sinónimos encuentras de la palabra *ayudar,* en la siguiente lista.

tumbar	salvar	cavar	apoyar
contribuir	deshacer	cooperar	destrozar

TIENES UN CORREO

5 Has leído una fábula, cuyos protagonistas son, como en muchas fábulas, animales.

Si te gustan los animales, sus costumbres, cómo son, cómo se llaman, dónde viven... y muchas cosas más, consigue en la biblioteca o en la librería *Bichos traviesos,* de F. Boillot, ed. Milán.

▶▶ Busca, busca y encontrarás. Con este mensaje, lo lograrás.

34

CUENTO

El dueño de la sombra

Un hombre rico tenía una lujosa mansión en la calle principal de la aldea. En el patio delantero, una gran morera[1] proyectaba su sombra, que a ciertas horas caía sobre la calle.

Cierta vez, un mendigo pasó por allí. Estaba agotado y hambriento. El calor era casi intolerable. Cuando vio la sombra de la morera, sintió un gran alivio. Llegó hasta allí y se recostó contra la pared con la intención de descansar un rato.

1 morera: árbol cuyos frutos son las moras blancas.

Pero al dueño no le hizo ninguna gracia ver a un vagabundo tirado en la calle, apoyado contra la pared de su casa.

—¡Fuera de aquí! ¿Quién le ha dado permiso para usar esa sombra? Yo planté el árbol, lo regué y lo cuidé. ¡Y su sombra es mía, toda mía!

—¿Eso es verdad? —dijo el pobre, muy asombrado—. ¿Realmente es suya la sombra? En ese caso, le ruego que me la venda. Puedo pagarle un buen dinero.

El mendigo hizo tintinear su bolsa de monedas. Era cierto. Con los años había conseguido ahorrar una pequeña suma de monedas de plata, y la llevaba siempre encima para que no se la robaran.

El dueño de la casa al escuchar la palabra dinero se puso muy contento. Casi no lo podía creer. Iba a hacer otro buen negocio a costa de ese imbécil. Después de todo, en el fondo, ¿no era así como se había hecho rico? Pero quería que todo fuera legal, para que nadie lo pudiera acusar después de haberse aprovechado de un tonto incapaz de comprender. No era la primera vez que alguien trataba de enredarlo en un negocio dudoso para después entrar en litigio[2]. En presencia de tres testigos y con un contrato legal, le vendió al pobre la sombra del árbol.

2 litigio: pleito, disputa.

A partir de entonces, donde se proyectara la sombra, el mendigo se tendía a tomar el fresco. Cuando la sombra estaba en el patio, se recostaba en el patio. Si la sombra se deslizaba a la cocina, entraba en la cocina. Cuando la sombra entraba en el salón de visitas, allí se metía también su nuevo dueño. Cuando el calor era muy fuerte, invitaba a sus amigos a tomar el fresco en la sombra que había comprado. Cuando pasaba apuros económicos, la alquilaba. A veces llevaba a su burro, y también cerdos, gallinas, patos, a disfrutar de su linda sombra.

3 amparar: proteger.

4 requisito: condición.

El dueño de la casa ya no podía tolerar semejante locura. Pero no había nada que hacer. El mendigo estaba amparado[3] por las leyes, ya que había comprado su sombra con todos los requisitos[4] legales. Para el hombre rico la vida en esa casa se hizo imposible. En el pueblo todos se burlaban de él. Finalmente decidió mudarse a otra aldea, donde nadie conociera su desgracia.

Nadie quiso comprar esa casa, que incluía huéspedes tan incómodos. Y finalmente, la casa grande y lujosa quedó abandonada y el dueño de la sombra se pudo instalar tranquilamente a vivir en ella.

Ana María Shua, *Este pícaro mundo.* Ed. Anaya.

Actividades

INVESTIGA LA LECTURA. DESCUBRE SUS SECRETOS

1 En la mansión del hombre rico, entró un mendigo para descansar y aprovechar la sombra, porque el calor era terrible. ¿Qué le dijo el dueño?

a) Le dijo que no se pusiera a la sombra, porque iba a pasar mucho frío.

b) Le dijo que le regalaba una entrada en la sombra.

c) Le dijo que la sombra era suya y que se fuera de allí. No la podía usar.

2 Como el mendigo llevaba un poco de dinero, le dijo al dueño de la casa que le compraba la sombra. ¿Qué hizo entonces el dueño?

a) Pensó que el mendigo era idiota, pero él podía hacer un buen negocio.

b) Le dijo que si estaba mal de la cabeza. Las sombras no se venden.

c) El hombre rico fue por la calle y se compró todas las sombras que vio.

3 Al final, el mendigo consiguió comprar la sombra y la usó como quiso. Todo era legal. Hasta la alquilaba. ¿Qué hizo, entonces, el hombre rico?

a) Llamó a la policía y dijo que alguien estaba usando su sombra.

b) En su casa ya no podía estar, porque allí iba todo el mundo y era una locura. En el pueblo, se reían de él. Al final, tuvo que irse a otra aldea.

c) Se hizo muy amigo del mendigo y lo pasaban estupendamente.

¡SU SOMBRA ES MÍA!

4 Ya sabes que los pronombres son palabras que van en lugar del nombre. Mía es un pronombre que se llama **posesivo.** Indica que pertenece a alguien o a algo. Los pronombres posesivos, más sus plurales, son: mío/mía; tuyo/tuya; suyo/suya; nuestro/nuestra; vuestro/vuestra; suyo (de ellos/de ellas). Escribe en tu cuaderno qué pronombres pondríamos, para sustituir a los nombres que hay en estas frases:

- Vosotros comprasteis las naranjas. Así que son (…)
- Susana y yo lo conseguimos. El triunfo es (…)
- El mendigo pagó por la sombra. Así que era (…)

TIENES UN CORREO

5 Al final del texto hay una línea: un nombre, que es la autora: Ana María Shua. Un título: *Este pícaro mundo,* y el nombre de la editorial que lo ha publicado: Editorial Anaya. Es la **referencia bibliográfica** de este libro. Con ella, conseguirás encontrarlo.

▸▸ Busca, busca y encontrarás. Con este mensaje, lo lograrás.

35

POESÍA

En el desván de los monstruos

En el desván de los monstruos
sucede lo inesperado,
las cosas que nos asustan
ahora son de nuestro agrado.

En el desván de los monstruos
hay un cofre de madera,
donde descansa el vampiro
que anuncia las buenas nuevas[1].

1 nuevas: noticias.

Hay un dragón solitario
que lee la prensa a diario
y acaba siendo el cartero
que reparte los regalos
que mandan desde muy lejos
los seres enamorados.

Hay una sombra perdida
que ya olvidó que existía
acompañando a la reina
del país de la Alegría.

En el desván de los monstruos
se filtran las pesadillas,
para que los malos sueños
nos hagan muchas cosquillas.

En el desván de los monstruos
el miedo se ha evaporado,
las cosas que nos asustan
ahora son de nuestro agrado.

Ana Merino, *Hagamos caso al tigre.* Ed. Anaya.

Actividades

INVESTIGA LA LECTURA. DESCUBRE SUS SECRETOS

1 Está claro que, con esta poesía de Ana Merino, se van a acabar nuestros miedos, si los teníamos. ¿Qué hace ese temible vampiro?

a) Lo de siempre: ataca de noche y clava sus dientes en el cuello.

b) Se ha ido a Transilvania, lugar de donde, según la literatura, era el conde Drácula.

c) Descansa tranquilo, en un cofre de madera y anuncia buenas noticias.

2 En el desván de los monstruos, no falta nadie. ¿A qué se dedicaba el terrible dragón solitario?

a) Sigue buscando, país por país, a los que atacaron su planeta.

b) Al dragón solitario le encanta leer la prensa a diario.

c) El dragón solitario se ríe del que se esconde en el armario.

3 El desván es la parte más alta de la casa. ¿Por qué dice la poesía que el miedo se ha evaporado?

a) Porque, como el desván está muy alto, los monstruos se evaporan.

b) Porque las cosas de miedo ya no nos asustan, sino que nos gustan.

c) Porque el miedo es como el agua, que con el tiempo se evapora.

NOS HACEN COSQUILLAS LAS PESADILLAS

4 En la poesía, has visto que hay palabras que acaban igual: *existía* y *alegría; solitario* y *diario; evaporado* y *agrado; cosquillas* y *pesadillas.* Decimos que son palabras que riman.

- De las siguientes palabras, escribe en tu cuaderno las palabras que rimen. Y, si te atreves, escribe dos versos que acaben en dos palabras que rimen.

tortuga	saltado	marinero	carrera
damero	madera	arruga	buscado

TIENES UN CORREO

5 Hoy vamos a saber que, cuando hablamos de poesía, una **estrofa** es un grupo de versos. Si miras *El desván de los monstruos,* verás que hay seis grupos de versos. Por tanto, hay seis estrofas.

▸▸ **Busca, busca y encontrarás. Con este mensaje, lo lograrás.**

36

NOVELA

Hadas

Como todas las primaveras llegaron las golondrinas y a Natalia la chata le entraron unas ganas tremendas de cantar.

Un día, Doña Botines hizo una tarta de manzana y su marido Celestino se disfrazó de cocodrilo.

Las flores cubrieron el suelo del campo, pero ese año también decidieron hacer un desfile por las calles del pueblo y fue muy bonito. Don Rilito, Doña Botines, en fin, todos, asomados a los balcones les aplaudieron a más no poder. Tanto aplaudieron que a Don Rilito se le torció un dedo y se tuvo que atar un palo tieso para que se pusiera derecho otra vez.

Pero lo mejor de todo fue que en esa primavera también vinieron las hadas.

Natalia la chata fue la primera en notarlas. Se acababa de despertar, abrió la ventana de su alcoba y un raudal de rayos de sol entraron en su habitación. Y ahí, sentada en uno de ellos, estaba un hada.

—Buenos días —dijo Natalia la chata. Y el hada, al verse descubierta, desapareció.

Ese mismo día, Mamarracho fue a beber al río. El agua bajaba limpia, transparente, radiante. Mamarracho bebía con avidez[1] y de pocas no se traga un hada chiquitita que estaba tumbada en el agua.

—Guau —dijo Mamarracho, dejando de beber. Y el hada, al verse descubierta, desapareció.

Todavía fue mejor lo que le pasó a Doña Botines: estaba un día suspirando, porque su casa se encontraba llena de polvo y sin barrer, cuando de repente vio aparecer un montón de hadas que, armadas con escobas y plumeros, en menos de seis minutos dejaron la casa como los chorros del oro. Doña Botines apenas podía creer lo que estaba viendo.

1 con avidez: con muchas ganas.

—Muchas gracias —dijo.

Pero las hadas, sin contestar, desaparecieron.

Otro día, todos vieron cien hadas pequeñas (cada una vestida de un color) que, cogidas de la mano, empezaron a volar por el aire, describiendo miles de formas fantásticas, mientras sonaba una música suavísima. Debían de estar cantando. Todo el pueblo se quedó maravillado.

Fue Margarita la que vio la última hada de la temporada. Estaba guisando y de la olla salía un humo que olía muy bien, y ahí, en medio del humo, apareció un hada que le dijo adiós con la mano, subía hacia arriba, hacia arriba, hasta que desapareció de la vista.

Consuelo Armijo, *En Viriviví.* Ed. Anaya.

Actividades

INVESTIGA LA LECTURA. DESCUBRE SUS SECRETOS

1 Natalia la chata quería cantar. Doña Botines hizo tarta. Don Rilito en el balcón. Las golondrinas llegaron, y alguien más, también. ¿Qué sucedía?

a) Que el pueblo estaba en fiestas y todo el mundo se disfrazaba.

b) Que había llegado la primavera y, aquel año, con ella, unos seres muy especiales: las hadas.

c) Que don Rilito cumplía ciento cincuenta años y había que celebrarlo.

2 Todos estaban muy atentos. Querían hablar con las hadas, verlas, saber cómo eran. Pero ¿por qué no pudieron?

a) Porque si veían que alguien las había descubierto, desaparecían.

b) Porque las hadas no tienen la facultad de comunicarse.

c) Porque allá de donde venían, dijeron que nunca hablaran con nadie.

3 En dos ocasiones pudieron ver hadas. Una fue todo el pueblo y vieron más de cien, de muchos colores. La otra fue Margarita, mientras cocinaba. ¿Consiguió Margarita que el hada dijera algo?

a) Sí. Tuvieron las dos una larga conversación.

b) No. Solo le dijo adiós con la mano, mientras iba hacia arriba, hacia arriba, hasta que desapareció.

c) Lo único que quería el hada es que Margarita la invitara a comer.

SENTADA EN UN RAYO DE SOL

4 Así, en ese medio de transporte tan mágico, venían las hadas.
¿Te imaginas? Cierra los ojos y piensa cómo irías al mundo de las hadas. ¿Dónde estaría? ¿Cómo se podría ir? ¿Cuánto se tardaría en llegar? ¿Con quiénes os encontraríais? ¿Cómo vivirían? ¿Cómo serían sus casas? ¿Qué dirían cuando te vieran? ¿Cómo volverías?

- Escribe, en tu cuaderno o en el ordenador, tu maravilloso viaje al mundo de las hadas.

TIENES UN CORREO

5 El libro al que pertenece este texto que has leído es una novela que se llama *En Viriviví.* Está escrito por Consuelo Armijo y editado por Anaya. Si puedes leer más libros de esta autora, seguro que te gustarán. Por ejemplo: *Los batautos hacen batautadas,* de editorial S.M.

▸▸Busca, busca y encontrarás. Con este mensaje, lo lograrás.

¿Qué sucederá? En la lectura lo encontrarás

37 La leyenda del crisantemo

Cuando MIRLO leyó *La leyenda del crisantemo*, supo perfectamente qué flor era. La había visto desde arriba, en sus vuelos cercanos a los pinos. Pero lo que no se podía imaginar era lo que con esa flor se conseguía. Lo dijo el hombre sabio y la madre lo hizo.

A partir de la lectura, MIRLO no paró de buscar crisantemos. ¿Podría el crisantemo ayudar al niño enfermo, según lo que decía el hombre sabio? En la lectura encontrarás respuesta a esta pregunta.

38 El bolígrafo loco

Una noche, LULA empezó a ver volar, por donde ella iba, muchas cosas extrañas: caballos voladores, escarabajos futbolistas, lunas que se reían y muchas cosas más. Todas muy raras.

¿Sería todo eso por el *bolígrafo loco*? ¿Cómo habrían aparecido por allí, por donde ella volaba?

En esta lectura tan loca, lo leerás y este misterio resolverás.

39 Raro

Cuando MONTI leyó *Raro*, pensó que la lectura hablaba de él. Pero no. María se paseaba sola, no con un saltamontes al lado. Lo que pasa es que en sus saltos, buscando, él también había visto ojos amarillos, detrás de los árboles por donde iba. ¿Serían esos mismos ojos amarillos que vio María? Cuando MONTI terminó de leer, se dio perfecta cuenta de lo que había pasado. No eran los mismos ojos amarillos. No era el ruido de las ramas secas. Es que María había vivido una situación muy diferente. ¿Conseguiría MONTI descubrir lo que pasó?

En la lectura encontrarás la explicación de lo que a María le sucedió.

40 Nada más

MONTI llamó a la pandilla muy deprisa. Había descubierto algo importante. ¡Mirad!, ¡mirad! Es una lectura corta. ¡Cortísima! Pero es maravillosa *Y nada más*.

Buscadores, solo hay que pensar, imaginar, soñar. MIRLO, LULA y HERMI estaban deseando que la leyera. Y MONTI empezó:

Con esta moneda

me voy a comprar...

¿Será una moneda mágica? ¿Será la más grande? ¿La más valiosa?

¿Qué será?

41 Plumita y Camellito

Al leer el título, MIRLO pensaba que si era una plumita, hasta podía ser suya. ¡Que para eso él era un MIRLO con plumas! Pero no. No era una plumita de pájaro. Esta historieta es genial. El que mandaba mucho tenía una pluma, ¡pero estilográfica! de tinta. Y plumita no estaba dispuesta a obedecer a ese señor. ¿Lo conseguirá?

Y ya veréis la otra historieta. A lo mejor, a vosotras y a vosotros se os ocurren ideas tan fantásticas como la que tuvo el camellito. Sería maravilloso que pasaran cosas así. ¡Mucha suerte y que lo consigáis!

42 Despedida

¡¡¡Buaaaa!!! LULA estaba tristísima.

—Pero bueno —dijo HERMI—. ¿Se puede saber qué te pasa?

—Que se acaba, que se acaba TICO-TIC.

MONTI le dio una palmadita y le dijo que aquí no se acaba nada. ¿Verdad, MIRLO?

—Sí, es verdad —dijo MIRLO—. Me juego lo que quieras a que, dentro de muy poco, estaremos juntos otra vez.

—¡Muchas gracias, amigos, sois maravillosos! —dijo LULA.

¿Será verdad? ¿Tendremos esa suerte?

—¡¡No nos olvidéis!! —gritó la pandilla.

37

LEYENDA

La leyenda del crisantemo

Érase una vez una familia de chinos. El padre cultivaba los campos de arroz y la madre, que tenía un precioso moño de pelo negro, criaba gusanos de seda. Vivían felices con su hijito, que empezaba a caminar.

La víspera de los días de fiesta, la madre abría el arcón y sacaba los preciosos quimonos[1] de fiesta que ella misma había tejido y se iban a pasear al campo.

1 quimono: vestido que usan los chinos con las mangas anchas; se ajusta a la cintura con una faja llamada obi.

Pero hoy es fiesta y no se les ha visto de paseo, no han ido a casa de los amigos o de los vecinos. ¿Qué ocurre? Ocurre que el niño está enfermo. Esta mañana no ha salido gateando, como es su costumbre, sino que está con los ojitos cerrados, quieto. ¿Está dormido? No, está enfermo. El padre y la madre lo cuidan lo mejor que saben durante todo el día; pero llega la noche y el niño no está mejor.

—¿Sabes lo que vamos a hacer? —dice la madre—. Dicen que en el centro del bosque hay un hombre muy sabio que sabe curar con las hierbas del campo. Le llevaremos al niño para que lo cure.

Caminaron por el bosque y llegaron a la casa.

El hombre sabio, cuando vio al niño, miró las plantas que aquella misma mañana había cortado y dijo muy triste:

—Lo siento mucho, pero yo no conozco ninguna hierba del bosque que pueda curar a vuestro hijo.

La madre quería saber algo más y preguntó angustiada:

—Pero ¿cómo está?, ¿cuántos días va a vivir?

Y el hombre sabio contestó:

—Este niño vivirá tantos días como pétalos tiene una flor que crece en el bosque.

—Y ¿dónde está la flor?

—Bajo el pino más alto del bosque.

La madre va en busca de ese pino tan alto. Hasta que lo encuentra. La copa se pierde entre las nubes. Baja la cabeza, y efectivamente, allí abajo hay una mata florida. La madre se arrodilla y arranca una de esas flores; y ahora sí que está a punto de echarse a llorar desesperada, porque esa flor solamente tiene cuatro pétalos. De pronto, se le ocurre una idea. Se quita uno de los agujones que sujetan su moño y con muchísimo cuidado empieza a rasgar uno de esos pétalos. Logra sacar una tirita muy estrechita y larga, y otra, y otra y cuando termina con el primer pétalo se atreve a sonreír esperanzada. Y hace lo mismo con el segundo, con el tercero, y con el cuarto y corre a enseñárselo al hombre sabio.

—Toma, la flor. Cuenta los pétalos y dime cuántos días va vivir mi hijo.

El hombre coge la flor y empieza a contar.

—Uno, dos, tres, cuatro...

Pero los pétalos son ahora tan estrechitos y largos que sin darse cuenta coge un montón juntos y...

—¡Ten cuidado, eh, cuenta bien que es la vida de mi hijo! Y el hombre sabio empieza a contar bien.

—Uno, dos, tres, cuatro, cinco, seis...

Y ahora es el viento el que reúne todos los pétalos en un montón y el hombre sabio no puede seguir contando.

—¡Cuenta bien que es la vida de mi hijo!

Y el hombre sabio tiene que empezar a contar una vez y otra, y otra, y por distintos motivos, siempre pierde la cuenta.

Después de pensar largo rato en silencio, el hombre sabio le devuelve la flor a la madre diciéndole:

—Yo creo que lo que ha ocurrido aquí quiere decir que tu hijo va a vivir un número incontable de días.

Y así fue. El niño se curó creció, y tuvo hijos y nietos, y vivió un número incontable de días y a todos les contó la historia.

Pero lo más maravilloso de todo es que a la primavera siguiente, bajo ese pino tan alto, en vez de brotar unas flores pequeñitas de solo cuatro pétalos, nacieron unas flores grandes, redondas, de muchos pétalos estrechitos y largos, que son los crisantemos.

Y así, según cuentan los orientales, aparecieron los primeros crisantemos en el mundo.

(Adaptación de la leyenda china del mismo nombre).

Actividades

INVESTIGA LA LECTURA. DESCUBRE SUS SECRETOS

1 La familia china tenía unas costumbres. Siempre iban a pasear el día de fiesta, con sus kimonos. Pero un día, no fueron. Tampoco se vio al niño. ¿Qué había sucedido?

a) Que se olvidaron de que aquel día era de fiesta.

b) Que la madre tuvo que cuidar a los gusanos de seda que criaba.

c) Que el niño estaba enfermo. No salió a gatear, como siempre.

2 Los padres sabían que en el bosque había un hombre sabio, que podía curar al niño con unas hierbas. Y allí lo llevaron. ¿Qué dijo el sabio cuando vio al niño?

a) Que no era la hora de visitar al médico sabio. Que fueran otro día.

b) Que si encontraban una flor en el bosque, bajo el pino más alto, diría los años que el niño iba a vivir.

c) Dijo que se había olvidado de todo lo que sabía de plantas.

3 El sabio dijo que el niño viviría tantos años como los pétalos de aquella flor del bosque. ¿Y fue verdad aquello que dijo el hombre sabio?

a) Nunca se pudo saber, porque nadie recordaba lo que dijo el sabio.

b) Todo fue una mentira. El sabio era un charlatán. Solo quería dinero.

c) Sí, fue verdad. El niño llegó a ser padre, abuelo y vivió muchos años.

A TODOS LES CONTÓ LA HISTORIA

4 Ya sabes que las leyendas, como la que has leído, son narraciones inventadas, que pueden basarse en un hecho real. Forman parte de nuestra cultura. Se van transmitiendo a lo largo del tiempo. Donde tú vives, ¿has oído alguna leyenda? ¿Te han contado algo que no se sabe si es verdad o no? De las cosas que te han contado, aunque no se sepa si son de verdad, ¿cuál te ha gustado más?

- Cuenta tu leyenda en clase y ya verás como a alguien le encantará.

TIENES UN CORREO

5 Hoy, en el correo, te decimos que una oración gramatical como, por ejemplo: *El niño se curó y creció,* tiene dos partes: el **sujeto,** que es de quien hablamos o decimos algo. En este caso: *El niño.* La otra parte es el *predicado.* En la lectura siguiente lo encontrarás.

►►Busca, busca y encontrarás. Con este mensaje, lo lograrás.

38

NOVELA

El bolígrafo loco

1 singularísima: extraordinaria.

Tuve un bolígrafo que funcionaba de una manera singularísima[1]: si lo cogía con la mano derecha, empezaba a escribir por su cuenta, con tinta azul, historias de lo más extraño. Pero si lo cogía con la mano izquierda, empezaba a dibujar, a la buena de Dios, con tinta roja. Era, claro está, un bolígrafo que tenía algo de loco.

Las historias de la mano derecha hablaban de caballos que volaban, de zapatos viejos que bailaban y de árboles que querían aprender a nadar. Los dibujos de la mano izquierda representaban escarabajos que jugaban al fútbol, lunas de colores que se carcajeaban ante el mundo y sombreros de paja que competían en carreras de sacos.

Era un bolígrafo verdaderamente curioso, esa es la verdad. Pero un día me cansé de todas aquellas cosas extrañas y lo guardé en el cajón de la mesilla de noche.

Lo tuve allí metido tantos días, que acabé por olvidarme completamente de él. Y de pronto, la otra noche cuando me encontraba profundamente dormido, me despertó un guirigay[2] extraordinario. Me quedé sentado en la cama.

El ruido salía del cajón de la mesilla de noche. Al abrirlo, salió de él una bandada de caballos voladores, árboles nadadores, zapatos danzarines, escarabajos futbolistas, lunas risueñas y sombreros metidos en sacos.

2 guirigay: jaleo.

Y toda aquella tropa de cosas extrañas comenzó a revolotear de un lado a otro de mi habitación como si de mariposillas locas se tratara.

Era tan grande el jolgorio, tantos sus gritos y risas, que los vecinos empezaron a protestar.

Yo, entre el escándalo que armaban aquellas cosas y el griterío del vecindario, tenía la cabeza como un bombo. Al final tuve la ocurrencia de abrir la ventana.

Y a través de la ventana abierta, volando y cantando, salieron los caballos voladores, los árboles nadadores, los zapatos danzarines, los escarabajos futbolistas, las lunas risueñas y los sombreros metidos en sacos. Y detrás de todos ellos, volando y cantando como uno más, mi bolígrafo loco.

Juntos se encaminaron hacia la última estrella del firmamento, aquella tan chiquitina que se divisa apenas en lo más lejano, aquella estrella de color rojo. Y seguro que todavía siguen allí.

Joles Sennell, *Horchata de ortigas*. Ed. Juventud.

Actividades

INVESTIGA LA LECTURA. DESCUBRE SUS SECRETOS

1 El escritor que aparece en esta historia lo tenía complicado. Él escribía con bolígrafo. Pero ¿qué hacía el bolígrafo cuando el escritor lo usaba?

a) Le ponía una frase en el papel que decía: ¡Utiliza el ordenador, que así no me gasto!

b) Si lo cogía con la mano derecha, escribía historias extrañas, en tinta azul. Si lo hacía con la izquierda, dibujaba lo que quería, en tinta roja.

c) Como el escritor escribía mucho, siempre se le acababa la tinta.

2 El escritor estaba un poco harto de aguantar las cosas de ese bolígrafo tan extraño. ¿Qué hizo un día?

a) Dijo: ¡se acabó! Te voy a llevar al colegio de al lado. Verás qué bien se lo pasan los niños contigo.

b) Lo metió en el cajón de su mesilla de noche.

c) Le intentó hacer una trampa al bolígrafo. Puso un cuaderno con hojas de celofán, para que no pudiera escribir ni pintar.

3 Pasaron los días, y el escritor se olvidó del bolígrafo. Pero, una noche, escuchó un escándalo, que venía de la mesilla. ¿Qué hizo entonces?

a) Se levantó de la cama y se puso unos tapones de algodón, para no oír nada.

b) Pensó que lo mejor era abrir la ventana, para que todos los que allí había, salieran. Incluido el bolígrafo loco. Y se fueron a la última estrella.

c) Llamó a un amigo, que tenía un camión, para que se llevara la mesilla.

TIENES UN CORREO

4 Hoy, en el correo, tienes dos mensajes. El primero es para que leas lo que dijimos en la lectura anterior, la de *La leyenda del crisantemo.* Vimos lo que era el sujeto de una oración, de quien hablamos o decimos algo. Hoy vas a saber que, en la oración hay también un **predicado,** que es lo que se dice del sujeto. En la oración *El ruido salía del cajón,* el sujeto es *el ruido.* El predicado es: *salía del cajón.*

En el segundo mensaje, te decimos que Joles Sennell, el autor de esta historia, escribió también *La guía fantástica,* editada por Anaya.

▸▸Busca, busca y encontrarás. Con este mensaje, lo lograrás.

39

CUENTO

Raro

María se paseaba sola. Era un poco antes de la puesta del sol. Todo estaba en calma. Reinaba una atmósfera extraña: ningún vecino ni ningún animal se habían acercado a saludarla después de la siesta, y más aún, ninguna mosca había venido a molestarla, cuando ese era el momento en el que normalmente solían hacerlo; los árboles de la calle principal parecían inmensos; el cielo estaba demasiado rojo para una tarde de verano, y la tierra, más blanda que de costumbre, era de un verde esmeralda. "Qué raro", pensó María.

Le parecía que había pasado mucho tiempo desde que dejó a sus padres, por lo menos varias horas, quizá incluso varios días, pero ¿dónde había estado durmiendo toda la tarde?

Sus padres le habían advertido de que tuviese cuidado con los nuevos lobos llegados de Italia, que se alimentaban fundamentalmente de pequeños duendes como ella, mucho más fáciles de atrapar que los conejos y más fáciles de comer que esos enormes corderos que, según decían dejaban toda la boca llena de pelos.

No es que los duendes fuesen desnudos, por supuesto que no, salvo excepciones, pero sus vestidos estaban hechos por lo general de flores y de hojas, y eso constituía una aportación vegetal que sin duda sabían apreciar aquellos que se los comían.

María pensaba en todo eso.

Decidió apartarse del camino.

Quizá pensó que se la vería menos entre la hierba y los helechos.

Sin duda.

Pero ahora era ella la que hacía demasiado ruido al partir con sus pisadas las pequeñas ramas secas de los pinos, siempre tan quebradizas.

En el momento en que se internó en el pinar, vio detrás de cada tronco, inmenso y recto, el ojo amarillo y frío de un lobo. Había cientos de ojos amarillos.

Se oyó un portazo.

—¡Despierta, María, es la hora! —gritó su madre—. ¡Se te hace tarde!

"Uf —pensó María—. ¡Qué estupendo es ir al colegio!".

Grègoire Solotareff, *Cuentos de verano*. Ed. Anaya.

Actividades

INVESTIGA LA LECTURA. DESCUBRE SUS SECRETOS

1 Aquella tarde, todo era un poco raro. El cielo estaba rojo, sin vecinos, sin animales, sin nada. No había ni moscas. ¿Qué pensaba María?

a) Que en esa época, cuando sucede la historia, era una cosa corriente.

b) Que había pasado mucho tiempo, desde que dejó a sus padres y que había estado durmiendo toda la tarde.

c) Que se había convertido en un duende y ya no había solución.

2 María seguía pensando que sería mejor apartarse del camino, por si venían los lobos que dijo su padre. Pero ¿qué sucedió cuando se internó en el pinar?

a) Que, al final, la que se convirtió en lobo fue ella.

b) Que vino un duende y le dijo que no se preocupara, que los lobos son tontos y no pasa nada.

c) Que hizo ruido al pisar unas ramas secas. Entonces, vio cientos de ojos amarillos de los lobos.

3 Pero la mañana fue muy diferente. ¿Por qué aquel día le pareció a María estupendo ir al colegio?

a) Porque era muy empollona, y lo que más le gustaba era estudiar.

b) Porque había tenido un sueño horrible. Una pesadilla. Y le encantó que su madre la despertara diciendo que había que ir al colegio.

c) Porque había un partido estupendo: duendes contra lobos.

EL OJO AMARILLO Y FRÍO

4 Pues aquí, los lobos se han dado una buena comida. Fíjate las letras que se han zampado. Elige las correctas y a ver si lo solucionamos. Escribe en tu cuaderno o en el ordenador las palabras completas:

Ningún __ecino (v/b)	Le ha__ían (v/b) ad__ertido (b/v)	__io (v/b) detrás
Sus __estidos (b/v)	La hier__a (v/b)	El ojo amari__o (y/ll)

TIENES UN CORREO

5 El texto que has leído pertenece al libro *Cuentos de verano*, editado por Anaya. Su autor es Grègoire Solotareff, que nació en Egipto y se dedica a escribir e ilustrar libros infantiles, de los que ya lleva más de cien.

▶▶ **Busca, busca y encontrarás. Con este mensaje, lo lograrás.**

Nada más

Con esta moneda
me voy a comprar
un ramo de cielo
y un metro de mar
un pico de estrella
un sol de verdad
un kilo de viento
y nada más.

María Elena Walsh.

Actividades

INVESTIGA LA LECTURA. DESCUBRE SUS SECRETOS

1 Ya ves que, con una poesía, podemos expresar sensaciones, ilusiones, deseos, emociones y muchas cosas más. Y habrás visto, en esta poesía de María Elena Walsh, que no es necesario el dinero para tener eso. ¿Se pueden comprar con dinero todas las cosas que dice la autora?

a) Sí, porque con el dinero, se puede comprar lo que se quiera.

b) No, porque todo lo que dice la poesía, ni se compra ni se vende.

c) No, porque hacen falta, por lo menos, cinco monedas. Una, por cada cosa que dice.

2 ¿A qué tienda iría la autora a comprar: un ramo de cielo, un metro de mar, un pico de estrella, un sol de verdad y un kilo de viento?

a) A una tienda que anuncian en televisión y que se llama: Cosas raras que comprar.

b) No existe una tienda donde se vendan las cosas hermosas que nos rodean, paisajes maravillosos que vemos y nada más.

c) A un gran almacén que están haciendo, donde se venden un kilo de viento y un metro de mar muy baratos.

3 En la poesía, la autora nos dice cosas que le gustarían, con la imaginación. ¿Te parece bonito y correcto lo que dice o es una tontería?

a) Es una tontería. No lo va a encontrar nunca.

b) Es hermoso y muy correcto. La poesía permite soñar a quienes la escriben y, también, a quienes la leen.

c) No es correcto. Esas cosas no se escriben en poesía, sino en prosa.

ILUSIONES PARA EL MUNDO

4 Cuando compras algo, ¿piensas en alguien? Seguro que sabes que hay gente que no puede comprar casi nada. No tienen dinero. Son pobres. Imagina ahora que pudieras comprar algo para ayudar a los demás. ¿A quiénes ayudarías? ¿Qué comprarías? ¿Viven muy lejos de ti o viven cerca? Cuéntanos una ilusión para ayudar a los demás.

TIENES UN CORREO

5 María Elena Walsh nació en Argentina. Empezó a escribir a los quince años y tiene muchos libros, que te gustarán, como *El reino del revés,* de Alfaguara, y *Dailan Kifki,* de Siruela.

▸▸Busca, busca y encontrarás. Con este mensaje, lo lograrás.

Plumita y Camellito

DECLARACIÓN DE GUERRA
DECLARACIÓN DE GUERRA
DECLARACIÓN DE ~~GUERRA~~
paz

Fernando Hoyos, *Librito de las imágenes imaginables.* Ed. Espasa-Calpe.

Actividades

INVESTIGA LA LECTURA. DESCUBRE SUS SECRETOS

Fernando Hoyos ¡es fantástico! Pocas palabras, dibujos que parecen sencillos, mensajes geniales. Veamos la primera historieta: Plumita.

1 Aquel señor que aparece en el dibujo tenía que mandar mucho. Iba a firmar, con una pluma de tinta, algo importantísimo. ¿Qué sucedió?

a) Que se buscó en la chaqueta, pero no encontró la pluma estilográfica.

b) Que no se acordaba de dónde tenía que firmar.

c) Que cuando fue a firmar, no pudo. Miró la carga, probó otra vez y se dio cuenta de que la pluma tenía tinta.

2 En los dibujos del final, se ve sonriendo al señor que mandaba mucho. ¿Qué crees que consiguió la pluma?

a) Consiguió lo que ella quería: tachó la palabra *guerra,* puso la palabra *paz* y, luego, el señor firmó.

b) Consiguió que el señor se comprara un bolígrafo.

c) Consiguió que el señor la llenara de tinta.

Y ahora, vamos a ver qué le sucede a Camellito.

3 Cuando uno mira esta historieta, lo primero que piensa es que a cualquiera nos sucedería lo mismo que a Camellito. Sol, sol, calor, calor... ¡Pobre camello del desierto! ¿Qué genial idea se le ocurre?

a) Que lo mejor es dejar el desierto y andar por otros sitios.

b) Se le levantan las orejas. ¡Tiene la gran idea! Sopla y ¡apaga el Sol!

c) Que lo mejor sería ser otro animal y no un camello.

ME GUSTA LA HISTORIETA

4 ¿Te atreves a hacer una? Tienes dos posibilidades: en tu cuaderno o en la pantalla del ordenador. Imagina primero la historia. Dibuja los personajes que van a intervenir y escribe los bocadillos, lo que van a decir. Ponlo, al final, en unas viñetas. Si tienes alguna duda, lee tu correo.

TIENES UN CORREO

5 El cómic, el tebeo, la historieta tienen una cosa en común: se componen de **viñetas.** Son los recuadros donde aparecen dibujos y textos breves.

▸▸ **Busca, busca y encontrarás. Con este mensaje, lo lograrás.**

42

Despedida

¡Qué suerte hemos tenido!

Gracias a Tico-Tic, nos hemos conocido.

¿Te acuerdas de nosotras? ¿Y de nosotros?

¿Del *Pequeño guardián,* de *Jaime de cristal,* de *La ardilla,* del *Príncipe feliz,* de *La tortuga,* la de *La nana,* del *León* y del *ratón*...?

Sí, somos personajes de libro. Vamos de uno a otro. Pero estaremos contigo, mientras recuerdes las cosas que has leído. Es lo bueno de la lectura.

A lo mejor, en otro libro, nos volvemos a encontrar.

Ahora empiezan tus vacaciones y tienes que disfrutar.

Esto es lo que queremos.

Y, sobre todo, que seas feliz. Lo más feliz que puedas y que tengas mucha suerte.

Nosotros, los autores, nos despedimos ya.

Hasta siempre, amigas. Hasta siempre, amigos.

Índice

ISBN: 978-84-678-1855-0 - Depósito Legal: M-4640-2012.

ET015457/1E2I - 8380038